Kara Powell

¡Ayúdenme!
Soy mujer
en el ministerio juvenil

Kara Powell

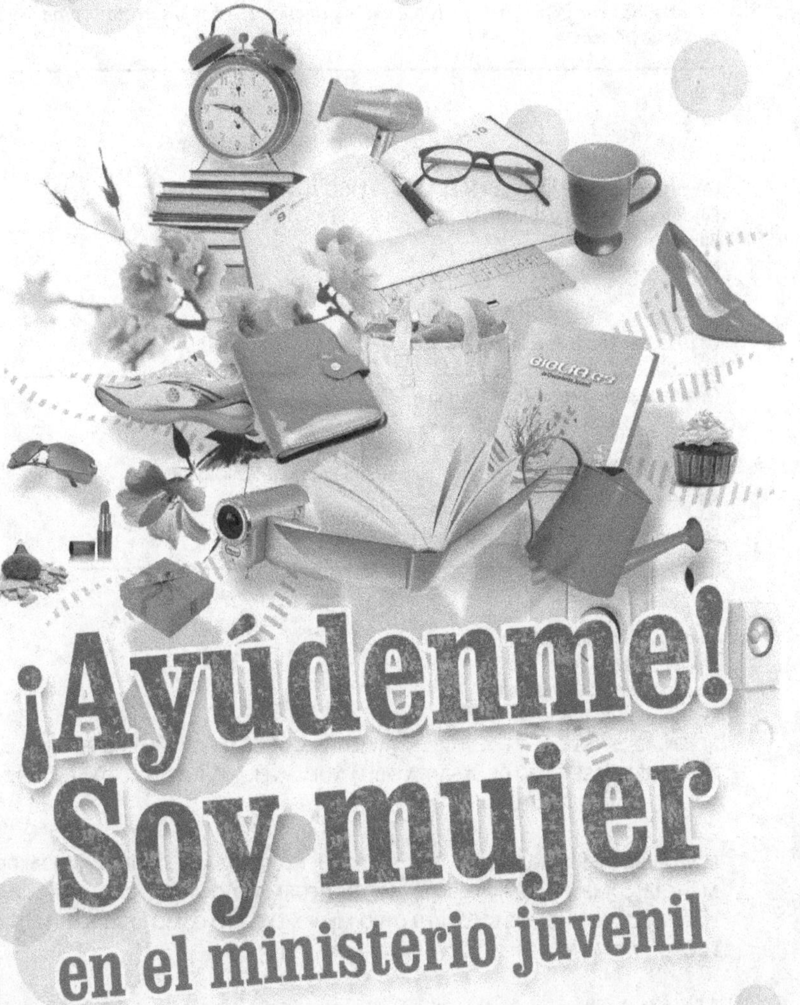

¡Ayúdenme! Soy mujer
en el ministerio juvenil

La misión de Editorial Vida es ser la compañía líder en satisfacer las necesidades de las personas con recursos cuyo contenido glorifique al Señor Jesucristo y promueva principios bíblicos.

¡AYÚDENME! SOY MUJER EN EL MINISTERIO JUVENIL
Edición en español publicada por
Editorial Vida – 2012
Miami, Florida

© 2012 por Youth Specialties

Originally published in the USA under the title:
Help! I`m Woman in Youth Ministery!
Copyright © 2004 by Youth Specialties
Published by permission of Zondervan, Grand Rapids, Michigan 49530.
All rights reserved

Further reproduction or distribution is prohibited.

Traducción: *Carina Valerga*
Edición: *Wendy Bello*
Diseño interior: *Luvagraphics*

RESERVADOS TODOS LOS DERECHOS. A MENOS QUE SE INDIQUE LO CONTRARIO, EL TEXTO BÍBLICO SE TOMÓ DE LA SANTA BIBLIA NUEVA VERSIÓN INTERNACIONAL. © 1999 POR BÍBLICA INTERNACIONAL.

ESTA PUBLICACIÓN NO PODRÁ SER REPRODUCIDA, GRABADA O TRANSMITIDA DE MANERA COMPLETA O PARCIAL, EN NINGÚN FORMATO O A TRAVÉS DE NINGUNA FORMA ELECTRÓNICA, FOTOCOPIA U OTRO MEDIO, EXCEPTO COMO CITAS BREVES, SIN EL CONSENTIMIENTO PREVIO DEL PUBLICADOR.

ISBN: 978-0-8297-6173-3
CATEGORÍA: MINISTERIO CRISTIANO / JÓVENES

IMPRESO EN ESTADOS UNIDOS DE AMÉRICA
PRINTED IN THE UNITED STATES OF AMERICA

12 13 14 15 ❖ 7 6 5 4 3 2 1

A las mujeres del ministerio juvenil que algún
día serán las mentoras de Nathan y Krista.
—Kara Powell

Contenido

9   Introducción

Sección uno: Tú

15   ¿Qué tiene que ver Pablo con eso?
Tu teología sobre los hombres y las mujeres
20   Tu primera familia: Esposo e hijos
28   Tu propio diario de Bridget Jones:
Una mujer soltera en el ministerio juvenil
35   Cómo controlar tu agenda personal para que no te controle a ti
44   Detrás de la fachada: Tentaciones e inseguridades

Sección dos: Tus relaciones

59   El principio de Obi-Wan Kenobi: Los mentores
67   ¿Por qué Tom Hanks necesitaba de Wilson, la pelota de vóley?:
Trabajar en redes

Sección tres: Tu ministerio

75   Hacer oír tu voz como mujer en el ministerio juvenil
75   La mujer frente a una multitud
78   La mujer en un grupo pequeño
81   La mujer de tú a tú
83   Más que faciales y desfiles de moda: Ideas de programación creativas para el ministerio de chicas
89   Más allá de la doctora Laura: Aconsejar a las chicas
92   Recibir un salario por esta locura llamada ministerio juvenil

Sección cuatro: Los hombres con los que trabajas

107   Marte y Venus en el ministerio
110   El lado oscuro: estereotipos, discriminación y obstáculos
112   Lo que los hombres quieren que sepas sobre ellos

Introducción

Probablemente quieras seguir leyendo este libro si:

- tu cuerpo tiene más estrógeno que testosterona,
- te importan los adolescentes,
- y quieres enamorarte más de Jesús.

Hemos escrito este libro pensando en todo tipo de mujeres:

- profesionales y voluntarias,
- novatas y veteranas,
- eclesiásticas y paraeclesiásticas,
- urbanas, suburbanas y rurales,
- de todas las denominaciones que se nos ocurran (así como también aquellas que prefieren no formar parte de ninguna denominación).

Nuestra humilde oración es que Dios use una (o quizá veintiuna) de estas ideas para darte raíces profundas en él y alas para llevarte a nuevos sueños ministeriales.

Nuestras historias como mujeres involucradas en el ministerio juvenil

Dr. Kara Powell
(Directora ejecutiva del Centro para Ministerios de Jóvenes y Familias en el Seminario Teológico Fuller; Coordinadora de la Red Juvenil de Mujeres; líder de grupos pequeños de los ministerios estudiantiles en la iglesia Lake Avenue en Pasadena, California).

Mi vida como mujer en el ministerio juvenil ha sido un verdadero libro de esos que si los raspas, desprende un olor. Tantos recuerdos, tantas emociones, cada uno grabado en un aroma vívido.

El aroma de la pizza me recuerda el tiempo que pasé con mis estudiantes. Todas esas cenas de miércoles por la noche antes de la iglesia, todas esas fiestas de verano en las piscinas y las noches en que se quedaban a dormir estarán para siempre ligados con los aromas de queso derretido, salsa de tomate, aceitunas y salami. En medio de las distracciones producidas por todas las ocupaciones y los asuntos del ministerio de jóvenes, la pizza es mi conexión con la meta suprema de todas esas salidas: ver a los estudiantes cambiados por Cristo para cambiar al mundo.

Me encanta la mantequilla de maní; siempre me ha gustado y siempre me gustará (especialmente la que es crujiente). Parte de lo que me encanta de la mantequilla de maní es que es muy portátil, muy fácil de comer cuando vas de camino a cualquier lugar. Así que cuando pienso en mi agenda como mujer que trabaja en el ministerio de jóvenes, siento el olor de la mantequilla de maní. Mantequilla de maní y jalea (o mi variación favorita: mantequilla de maní horneada y jalea), mantequilla de maní y manzanas, mantequilla de maní y apio y mantequilla de maní sobre galletitas saladas, han sido mi gasolina en medio de las demandas de los estudiantes, los voluntarios y las familias.

Como lo que yo hago fluye a partir de quién soy, mis relaciones personales tienen su propio aroma distintivo en mi libro para «raspar y oler». Cada vez que uso mi perfume con aroma a frambuesa, mi esposo dice: «Ah... Hawai». Durante nuestra luna de miel en Hawai, usé ese perfume todos los días, y Dave dice que cuando lo uso ahora, su mente se llena de recuerdos de los diez días que pasamos en Kauai. Me gusta usar esa fragancia porque se siente femenina. Me ayuda a sentirme más como una mujer y menos como una mujer en el ministerio juvenil.

Como madre de un niño de dos años y otro de cuatro meses, todo tipo de olores me recuerdan a mis hijos (algunos que no son tan agradables, ni siquiera para mí). Pero en este tiempo mi hijo de dos años está embelesado por dos cosas: la plastilina y los trenes. Trato de combinar las dos para hacer trenes de plastilina y completarlos con vías de tren, puentes y túneles. En medio de mi amor por el ministerio de jóvenes, el olor salado de la plastilina me recuerda a mis discípulos principales: mis propios hijos.

Que todos los olores se fundan en un aroma que agrade a mi Padre celestial.

Heather Flies

(Pastora de estudiantes de primer ciclo de secundaria en la iglesia Wooddale de Eden Prairie, Minnesota; miembro del equipo de entrenamiento CORE de Especialidades Juveniles; popular maestra de ceremonias en convocatorias juveniles, actividades escolares y dentro de la iglesia).

Hoy, mi visión de las «mujeres en el ministerio» es muy diferente a la que tenía mientras crecía en una iglesia bautista de una pequeña ciudad. Cuando de niña me sentaba en el banco de la iglesia y miraba alrededor, veía mujeres en el coro y en el piano o el órgano, pero eso era todo. Claro, en el verano estaban ocupadas en la cocina haciendo bocaditos de cereal de arroz para los niños de la escuela bíblica de vacaciones, pero nunca se veía a las mujeres hablando desde el púlpito, entregando boletines o pasando el plato de la ofrenda. Y a mí todo eso me parecía muy normal.

Cuando ingresé a la Escuela Betel como estudiante de primer año, conocí a una mujer llamada Sherry. Ella era elocuente, sabia, divertida, ¡Y! la pastora asociada de la escuela! Sherry era la primera mujer en el ministerio que yo conocía. A medida que nos fuimos conociendo y ella me observaba, me dijo: «Heather, tú vas a estar en el ministerio». Amablemente le agradecí por su aporte y luego le recordé mis planes de ser la directora de relaciones públicas del equipo Vikingos de Minnesota, y de casarme con un jugador defensor. Pero tanto Sherry como el Señor siguieron guiándome y afirmándome en mis dones ministeriales, y para mi tercer año, mi especialización en comunicaciones (que una vez elegí para la NFL) ahora estaba redirigida para comunicarme con los chicos y alentar sus corazones.

Hoy le digo a la gente que fui entretejida en el vientre de mi madre ¡para ser una pastora de estudiantes de primer ciclo de secundaria! Mi amor por hablar, por la Palabra, por las familias, por los chicos hiperactivos con aparatos de ortodoncia y por el liderazgo encaja perfectamente con lo que Dios me ha llamado a hacer. Estoy confiada de pararme frente a él un día y rendir cuentas por utilizar los dones que él me dio y la pasión que él me ha infundido. A propósito, a mí también me encanta hacer bocaditos de cereal de arroz, pero ¡atrévete a dejarme sola en la cocina (y lejos de los muchachos)!

Megan Hutchinson
(Ministro de jóvenes en la iglesia Saddleback de Lake Forest, California; Directora de Let's talk about it [Hablemos de eso]; miembro del equipo de entrenamiento CORE de Especialidades Juveniles).

Mi «llamado» como mujer en el ministerio juvenil fue obvio y desafiante. Obvio, porque Dios no pudo haber sido más claro; desafiante, porque yo no tenía idea de cómo era ser mujer en algo que es predominantemente una profesión masculina.

La parte obvia fue fácil. Me encantaba estar con los estudiantes. Me daba energía (y todavía lo hace). Es simplemente la manera en que Dios me creó. Así que di el próximo paso lógico y comencé a observar a las mujeres que hacían lo que yo quería hacer: trabajar a tiempo completo en el ministerio juvenil, predicar y escribir. Descubrí que estas mujeres tenían algunas cosas en común. Sentían un llamado de Dios, amaban a los estudiantes y asistían a seminarios. Convencida de que tenía las dos primeras, salí directo para un seminario. ¡Y me encantó!

Fue allí donde por primera vez encontré argumentos teológicos a favor y en contra de las mujeres en el ministerio. Al principio estaba confundida porque no había investigado al respecto. De hecho, una noche estaba manejando hacia mi casa mientras escuchaba una conversación en la radio cristiana, y alguien le preguntó al conductor del programa: «Si estoy asistiendo a una iglesia donde enseña periódicamente una mujer, que a propósito es una de las mejores predicadoras que he escuchado, ¿debo irme de la iglesia?». Sin dudarlo el conductor dijo: «¡Absolutamente! Vete de inmediato. No es bíblico que una mujer enseñe».

Inmediatamente estacioné mi auto al lado de la calle y lloré a lágrima tendida. «Dios, tú me has dado el don de enseñanza y evangelismo. ¿Por qué harías esto si no fuese bíblico?», le decía llorando. Me sentía frustrada y a veces desanimada, pero con el tiempo vendría mi respuesta.

A través de mucha oración y estudio, he aprendido que las mujeres ocupan un rol vital e importante en el ministerio de la iglesia. Aunque existen muchas opiniones sobre los roles de la mujer en el ministerio, debes mantenerte fiel a la manera específica en la que Dios te ha formado.

He aprendido que en mi caso primero debo ser esposa, luego madre, luego una ministra que enseña sin reservas sobre las verdades transformadoras del evangelio de Cristo. Ha sido un gran viaje, pero he llegado (¿escucho un amén?). Hoy es mi oración que pueda «con osadía dar a conocer» el evangelio de Cristo a todos los que lo escuchen, sean hombres o mujeres. Esa también es mi oración para ti: que busques cómo Dios te ha llamado específicamente y que vayas tras de ello sin reservas. Confío en que lo harás. ¡Ánimo!

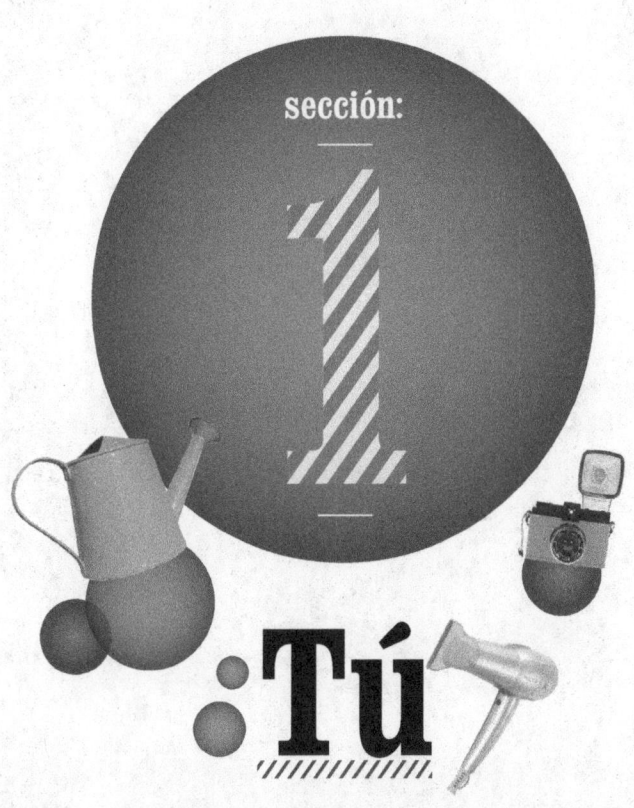

sección: 1 Tú

¿Qué tiene que ver Pablo con eso? Tu teología sobre los hombres y las mujeres

Tan pronto como leí estas dos palabras en el catálogo de doctorados, supe que era el título que yo quería: teología práctica. Nunca antes había visto esa frase, pero inmediatamente se hizo eco en mí. Algunas personas bromean y dicen que «teología práctica» es una contradicción, al igual que «inteligencia militar» o «camarón jumbo». En cambio yo digo que es una redundancia. Nuestra teología es inherentemente práctica. Cada aspecto de nuestras vidas, desde la forma en que tratamos al planeta hasta la forma en que tratamos a otros choferes, está influenciado por lo que pensamos acerca de Dios.

En lo que se refiere a las mujeres en el ministerio, nuestra teología y nuestras prácticas están muy conectadas entre sí. Por lo tanto, si vamos a tener mejores prácticas, necesitamos tener mejor teología. Ya seas un teólogo novato o un veterano que habla fluidamente el griego original, es hora de lidiar con las preguntas duras sobre las mujeres en el liderazgo hasta obtener algunas respuestas.

Hace un par de años mi esposo Adam y yo tuvimos el privilegio único de ir a Israel. Lógicamente, visitamos muchos lugares de los que habíamos leído en las Escrituras. Un sitio en particular fue revelador, una sinagoga del primer siglo en Capernaúm donde Pedro y Jesús enseñaron. Una de las cosas que me impactó fue la arquitectura. Había una galería superior en donde las mujeres solían sentarse a hablar o chismosear con sus

¡Ayúdenme! Soy mujer en el ministerio juvenil

amigas, y una galería inferior donde los hombres solían escuchar con atención el mensaje. ¿Por qué ocurría esto? Porque a los hombres se les educaba, pero a las mujeres no. Las mujeres del primer siglo no entendían lo que se enseñaba, por lo tanto charlaban con sus amigas durante todo el servicio. ¡Caramba! ¡Yo haría lo mismo si no tuviera idea de lo que están diciendo! Creo que esa es la razón por la cual Pablo le escribió a Timoteo que la mujer guardara silencio en la iglesia. Hoy somos libres para enseñar las verdades maravillosas de las Escrituras, dado que somos libres para hablar mediante el asombroso don de una educación teológica. ¡Gloria a Dios!

—Megan

Comienza en tu iglesia local

¿Alguna vez has mirado a tu pastor principal a los ojos y le has preguntado qué piensa sobre las mujeres en el ministerio? ¿Existen algunas posiciones de liderazgo que él piensa que las mujeres no deberían ocupar? Si es así, ¿por qué? Si no, ¿por qué no? Hazte la meta de escuchar, hacer algunas preguntas y luego escuchar un poco más.

El cuadrilátero wesleyano

John Wesley, el sabio teólogo y pastor del siglo diecinueve, enseñó que hay cuatro formas de experimentar la revelación divina: a través de las Escrituras, la tradición, la razón y la experiencia (¿ves?, te dije que era sabio). En la actualidad, a estas cuatro fuentes le llamamos el cuadrilátero wesleyano. Cuando hables con la gente sobre teología, intenta ver qué lado del cuadrilátero usan más. ¿La Biblia?, ¿la tradición de la iglesia?, ¿su sentido común, o su propia experiencia? Decide por ti mismo si alguno de los lados del cuadrilátero es más importante que los otros, y considera la evidencia correspondiente.

Para mí está en griego

¿Cuánto tiempo has pasado estudiando los pasajes clave sobre la mujer en el liderazgo? ¿Menos tiempo que lo que dedicaste a comprarte zapatos el mes pasado? En ese caso, es hora de agarrar unos libros y darte a la tarea.

Hay dos posiciones básicas. En un extremo está el enfoque Complementario, que expresa que aunque los hombres y las mujeres son iguales, las mujeres tienen diferentes responsabilidades de liderazgo y enseñanza en la iglesia. En el otro extremo está el enfoque Igualitario, que cree que el género no influye en el llamado divino: Dios puede llamar (y lo hace) a hombres y mujeres para servir en todas y cada una de las posiciones de liderazgo de la iglesia. Ambos lados están comprometidos con la autoridad de las Escrituras. Ambos lados han tratado de descubrir el significado del hebreo original del Antiguo Testamento y del griego original del Nuevo Testamento. El enfoque Complementario generalmente se basa en cuatro textos, comenzando por 1 Corintios 11:2-6, el cual enseña que la «cabeza» de la mujer es el hombre. Otros textos de base son 1 Corintios 14:33-35, el cual dice que las mujeres deben guardar silencio en la iglesia; 1 Timoteo 2:11-15, donde guardar silencio se define como abstenerse de enseñar; y Efesios 5:22-23, donde Pablo expone los diferentes roles en el matrimonio.

El enfoque Igualitario también considera seriamente estos textos, pero parte desde un punto diferente. En Génesis 1–2, Dios crea tanto al hombre como a la mujer a su imagen. En Génesis 3:16, la subordinación de la mujer no es señalada como ideal, sino más bien como una consecuencia del pecado. Pasando al Nuevo Testamento, en Gálatas 3:28, Pablo enseña que las jerarquías entre judíos y griegos, esclavos y libres, y hombres y mujeres, se evaporan a la luz de Jesucristo. En 1 Corintios 11 y Hechos 21:8-9, a las mujeres se les permite orar y profetizar en la iglesia primitiva. Dados estos textos, el enfoque Igualitario expone que los pasajes que a menudo utiliza el enfoque Complementario están excesivamente influenciados por la cultura particular asociada con esas epístolas. Las reglas sobre las mujeres en el liderazgo son la excepción, no la norma. ¿Cuál de estos enfoque es más cercano al tuyo? ¿Por qué? ¿O tienes un modo completamente diferente de ver el tema? Cualquier cosa que decidas, tu cerebro te agradecerá este ejercicio aeróbico.

> No importa el tamaño de la iglesia de la cual vengas, ninguna persona puede servir a todos los estudiantes que asisten allí como EL pastor de jóvenes. En nuestra iglesia le decimos a cada líder de grupo pequeño, hombre o mujer: «Tú eres el pastor de jóvenes de estos estudiantes, tú eres su pastor». Yo he aprendido que más allá de un título de trabajo, estatus o género, cada estudiante necesita un pastor en su vida para amarlos, cuidar de ellos y a la larga mostrarles a Jesús.
>
> — Megan

Falta de conocimiento sobre la historia

Un principio importante en cuanto a comprender los pasajes escriturales sobre las mujeres en el liderazgo es el principio de la historia. La revelación divina siempre ocurre en el contexto de una cultura específica. La revelación divina suprema, Jesús mismo, modeló esto al entrar en la cultura palestina y adoptar su vestimenta, lenguaje y metáforas. Para cada ciudad a la cual Pablo le escribió en sus epístolas, tómate un tiempo a fin de comprender la cultura y sus pautas implícitas y explícitas para las mujeres judías.

Ese conocimiento podría revelar algunos de los misterios que rodean a la mujer en el liderazgo.

Dentro de los límites

¿Qué límites aplicas para las mujeres en el liderazgo? ¿Te sientes cómoda con:

- las mujeres que sirven en un segundo plano?
- las mujeres que se reúnen de tú a tú con otras chicas o mujeres?
- las mujeres como líderes de grupos pequeños?
- las mujeres que «hablan» a un grupo?
- las mujeres como maestras?
- Las mujeres como líderes de jóvenes?
- las mujeres como pastoras principales?
- las mujeres como zares del mundo?

Independientemente de tus respuestas, da lo mejor de ti para ayudar a las mujeres a desarrollarse DENTRO de esos límites. Desarrolla el mejor grupo pequeño de mujeres que puedas. Entrena a las mujeres para hablar frente a los jóvenes o frente a la iglesia en general. Anima a las chicas a considerar el convertirse en pastoras principales. Según la amplitud de tus límites, ¿qué puedes hacer TÚ para motivar y capacitar a las mujeres?

Comienza un club de lectura

Si tú eres como yo, aprendes mejor cuando estudias junto con otras personas. Invita a otros a que se unan contigo en un club de lectura teológico. Fotocopia artículos o intercambien libros relevantes sobre las mujeres en el ministerio y luego reúnanse mensualmente para discutirlos. Quizá hasta te guste tanto que puedas cambiar de tema y seguir reuniéndote por un tiempo indeterminado.

Sé apasionada, no alocada

Una vez que hayas decidido lo que crees con respecto a las mujeres en el ministerio juvenil, cuéntales a otros al respecto. Pero habla la verdad en AMOR. A los ojos de Dios, la manera en que tratas a otros que están en desacuerdo contigo probablemente sea más importante que si los «ganas para tu lado».

Antes de casarme una de mis heroínas de la fe, Lori Salierno, me dijo: «Megan, asegúrate de que te cases con alguien que de todo corazón apoye tu rol como mujer en el ministerio... asegúrate de que él sea tu más grande animador».
Unos años después encontré a mi Adam. ¡Adam es mi fan número uno en el ministerio! En nuestros seis años de matrimonio, Adam nunca me ha refrenado en mi llamado con los jóvenes. Él me motiva a hacer exactamente lo que Dios me ha guiado a hacer, sin reservas. Es tan liberador. No puedo imaginarme hacer lo que hago sin su apoyo y espíritu entusiasta. Eso sí me gusta.

—Megan

Piensa por anticipado

Cuando Abraham Lincoln se preparaba para una conversación potencialmente difícil, dedicaba un tercio de su tiempo a pensar en lo que iba a decir y dos tercios de su tiempo a pensar en lo que la otra persona iba a decir. No se me ocurre un mejor consejo en lo que respecta a hablar sobre la teología de las mujeres en el liderazgo. Conoce tu propia posición, pero también piensa anticipadamente lo que la otra persona podría decir. ¿Cómo responderías ante su posición? ¿Cuáles son sus puntos más fuertes? ¿Cuáles son sus posibles debilidades? El analizar esto de antemano traerá una mayor profundidad a tu conversación.

En el mundo del ministerio, tantas cosas pueden ocurrir en un día que creo que puedo hablar y hablar y HABLAR con mi esposo hasta cansarlo sin siquiera preguntarle: «Oye cariño, ¿cómo estuvo tu día? ¿Qué está pasando en tu mundo?». Si no me tomo una pausa para hacer esa pregunta importante, suena como si todo se tratara de mí. (Lo cual, seamos sinceros, algunas veces nos gusta mucho, ¿no?).

¡Ayúdenme! Soy mujer en el ministerio juvenil

Pero la verdad es que preguntar es cuestión de dos partes, la mía y la de él. Sé consciente de preguntar y también de contestar.

—Megan

Prepárate para mensajes confusos

Es asombrosa la cantidad de hombres que «no tienen problemas teológicos» con las mujeres en el liderazgo, y aun así «no se sienten cómodos con eso. O viceversa, quieren que las mujeres sirvan en posiciones de liderazgo en sus propios ministerios e iglesias, pero no creen que las Escrituras lo sustenten. Aunque ninguno de nosotros es cien por ciento coherente en sus propias acciones y creencias, señala con amabilidad los mensajes confusos y ve qué dicen. Tal vez inicies una gran conversación.

Tu primera familia: Esposo e hijos

¿Qué tienen en común una agenda electrónica y un chupete?

¿Ya lo sabes? ¿Adivinaste? ¿Te rindes? Bueno, te lo digo: ¡YO!

Durante los últimos tres años, mis dos elementos más vitales para sobrevivir han sido mi agenda electrónica y un chupete. No salgo de casa sin ellos. Uno mantiene mi horario en orden; el otro mantiene a mis bebés en orden. Bueno, bueno, en seudo-orden.

Si tienes hijos, esta sección te ayudará a encontrarle sentido al mundo patas arriba de la mamá y el ministerio. Y si no tienes hijos todavía, de todos modos hojea estas páginas.

Conoces a otras personas que sí los tienen. Las madres de las muchachas con las cuales trabajas están inmersas en el deleite y la desesperación de la vida familiar. Mientras más las entiendas, mejor podrás hablar su lenguaje. Además, algún día llegarás a tener tus propios hijos, y nunca es demasiado temprano para recibir consejos.

Mi esposo Adam es hidrogeólogo. Sí, leíste bien, hidrogeólogo. En resumidas cuentas, trabaja con agua y rocas. Aunque me tomó dos años entender a qué se dedica exactamente, también me tomó un tiempo descubrir que su manera de llevar a cabo el ministerio y la mía son diferentes. Al principio intenté hacer que él desarrollara el ministerio como yo lo hacía. Algo así como entra... conéctate con cada estudiante... ¡gánate a toda el aula! Pero rápidamente me di cuenta de que mientras yo estaba «conectándome» con cada estudiante, él se conectaba solo con uno, ¡y podía quedarse con ese estudiante por horas! Me dejó asombrada. ¿Estaba desarrollando el ministerio? Por supuesto que sí. Solo que era diferente del modo en que yo lo hacía.

Pero aquí está lo sorprendente: el ministerio juvenil necesita a ambos tipos de persona. Yo soy una experta en hacer sentir bien a los estudiantes; él es un experto en profundizar con uno. Y juntos, ¡funciona!

— Megan

Verdadero o falso: ¿el matrimonio lastima tu ministerio?

Me encanta hacerles esta pregunta a los estudiantes universitarios. Casi siempre contestan verdadero. El estar casado significa que hay menos tiempo para salir con los estudiantes y menos salidas nocturnas. Y sí, ahora que estoy casada, paso alrededor de un treinta por ciento menos de tiempo con los estudiantes.

Pero este es el truco: el tiempo que les dedico es mucho más rico. ¿Por qué? Porque mi relación con mi esposo me hace una persona más profunda. Así que aunque paso un treinta por ciento menos de tiempo con otros, el tiempo que les dedico es doblemente efectivo. Así que en realidad, el matrimonio PUEDE ayudar a tu ministerio. Saca la cuenta.

Conéctate con frecuencia

Mi esposo y yo hablamos tres o cuatro veces por día cuando uno o los dos estamos en el trabajo. Según parece eso es raro, pero no debería serlo. Si no estuviéramos en contacto durante el día, entonces para cuando llego a casa de regreso del grupo pequeño con mis chicas a las 9:00 de la noche, tendría que recapitular todo el día (comenzando con el hecho de que nuestro hijito de dos años vió su primer episodio de Plaza Sésamo esa mañana; y terminando con las preguntas difíciles sobre sexo oral que me hicieron mis chicas). Nunca podría recordarlo todo, y olvidaría detalles importantes, tanto de nuestra familia como de nuestro ministerio. Además, me pondría nerviosa o estaría resentida porque él no estuvo conmigo para compartirlo todo. Unas pocas llamadas telefónicas de diez minutos todos los días hacen la diferencia.

El llamado de tu esposo

Como tú estás activa en el ministerio, es fácil olvidar que tu esposo tiene su propio llamado ministerial. Su llamado a trabajar con niños de dos años, o las misiones internacionales en Zimbabue, o los niños de dos años de Zimbabue, pueden dejarse a un lado fácilmente por las demandas evidentes de tu ministerio juvenil. Asegúrate de que tu esposo esté utilizando sus dones espirituales de forma tangible cada semana. Y si eso implica que vayas a un estudio bíblico menos, o pases una hora menos trabajando en la charla del miércoles por la noche, vale la pena; tanto para el reino como para tu matrimonio.

A mi esposo no le gusta el ministerio juvenil

Hora de una confesión verdadera: a mi esposo Dave, que es casi perfecto, no le gusta el ministerio con los chicos de primer ciclo de secundaria. No quiere decir que no crea en ese ministerio; no quiere decir que no piense que es vital. Simplemente que a él no le gustan los adolescentes (al menos no en grandes cantidades). Aunque a él le agradan las muchachas de mi grupo pequeño cuando vienen a nuestra casa, un número grande de estudiantes de secundaria le asusta. Cuando él entra en nuestra sala de estudiantes de la escuela secundaria de la iglesia, le dan escalofríos en la columna y su voz cambia. Mi esposo, que puede conducirse hábilmente en una junta ejecutiva o en un procedimiento complicado de ingeniería, se asusta con chicos de octavo grado.

Si a tu esposo le pasa lo mismo, está bien. Si tu esposo es como el mío, a él le gustas TÚ y te ama a TI. Él ama y le gusta que tú estés llamada a trabajar con los estudiantes. Así que, aunque rara vez le eche un vistazo a la sala de los jóvenes, aun así te apoya cada minuto antes de que entres a esa sala y cada minuto después de que salgas de allí. Oren juntos, creen estrategias juntos, propongan ideas juntos. Tu esposo puede y debe ser tu fan número uno, aun cuando rara vez esté en la sala mientras tú desarrollas tu ministerio.

«Cuando espero que la gente preciosa de mi vida pueda existir sin mí, estoy ante una señal de verdaderos problemas».
—Bill Hybels

Cuando comencé por primera vez en el ministerio pensaba: «¡Qué vida! Puedo organizar mi tiempo, encontrarme con los estudiantes cuando quiera y nunca traer "trabajo" a casa». De verdad separaba la vida de la iglesia de la vida personal. Aunque esto suene encantador, es totalmente ineficaz. ¿Por qué? Porque trabajar con los estudiantes es algo de vidas entremezcladas. Es tu mundo que se cruza con la vida de un adolescente. Es permitirles verte; verte de verdad. Esto sucede en las cosas de todos los días. Cuando estás preparando la cena, al hacer los mandados, mientras cambias los pañales sucios, aun les permites verte en tus momentos de frustración. Esa es la esencia del principio de lo que «viene en el paquete». El ministerio nunca había sido tan rico y eficaz desde que me abrí y abrí mi vida, mi casa y mi familia a los estudiantes.

—Megan

El principio de lo que «viene en el paquete»

Uno de mis versículos favoritos sobre el ministerio lo escribió el apóstol Pablo. Él le escribe a la gente en 1 Tesalonicenses 2:8 y le dice que amaba tanto a los tesalonicenses que compartió con ellos más que el evangelio, les compartió su propia vida.

Me encanta la frase: «nuestras propias vidas». Tantas veces como puedas combina el tiempo que pasas con los adolescentes con tu tiempo familiar. ¿Tienes que hacer las compras? Invita a alguien a quien le sirvas de mentor para que te acompañe. ¿Tienes que pasar una hora en el partido de futbol de tu hijito de nueve años? Llévate a un adolescente contigo. Ellos no solo están pasando tiempo contigo, sino que también están viendo a tu familia en acción. Y en dependencia de su entorno familiar, eso podría ser todavía más valioso para ellos que pasar tiempo a solas contigo.

«Yo no sé cómo lo haces»

¿Alguna vez te han dicho esas palabras? «Yo no sé cómo lo haces». Un esposo, niños (los tuyos, no los estudiantes), más chicos (los estudiantes, no los tuyos), una casa que manejar, una profesión que fomentar, un calendario familiar que mantener, amigos que atender... el solo hecho de hacer la lista es agotador, cuánto más vivirla.

Más que la mayoría, Kate Redman sabe qué tan agotador puede ser. Ella es el personaje ficticio de la famosa novela de Allison Pearson: *La vida frenética de Kate*.

La primera escena capta la tensión entre el trabajo que realizas en tu casa y el trabajo que realizas fuera de ella.

Lunes, 1:37 de la madrugada. ¿Cómo he llegado hasta aquí? ¿Me lo puede decir alguien? No a esta cocina, me refiero a esta vida. Es la mañana del concierto de villancicos de la escuela y estoy haciendo pasteles de fruta; no, digámoslo claramente, lo que estoy haciendo es deslucir los pastelillos, un proceso mucho más delicado y sutil.

Les quito el lujoso envoltorio de Sainsbury, extraigo los pasteles de su molde de aluminio, los coloco sobre una tabla de carnicero y hago caer sobre sus caras inocentes y harinosas el rodillo. No es tan fácil como suena, créanme. Si les das con demasiada fuerza, se desmoronan y quedan como una especie de dama gorda que hace una reverencia, con sus bordes de masa colgando a los lados, y la fruta se empieza a rebosar. Pero con un movimiento firme hacia abajo, imagínate la presión necesaria para romper un escarabajo chiquito, puedes formar un pequeño deslizamiento que se desmigaja, dándole a la masa una agradable apariencia casera. Y lo que yo ando buscando es algo «hecho en casa». En la casa está el corazón. En la casa es donde está una buena madre, horneando pasteles para sus hijos[1].

Ojala pudiera sentarme con Kate a tomar unos cafés helados y decirle que el ritmo que ella está intentando llevar (énfasis en intentando) es una locura. Ojala pudiera decirle que solo puede ser buena, realmente buena, en unas pocas cosas. Elije sabiamente esas pocas cosas y deja ir todo lo demás. Si llevas postres comprados en la tienda a la escuela de tu hijo (o, respira entrecortado y encógete de hombros, si no llevas ningún postre), ¿a quién le importa? A la luz de la eternidad, ¿realmente importa si tienes los ladrillitos de juguete de tus hijitos por todos lados en tu sala; o el proyecto de ciencia de tu hijo desparramado en la mesa del comedor cuando llegan tus familiares de visita? Yo quiero ser una gran amante de Jesús, de Dave y de mis hijos (en ese orden). Todo lo demás es solo un acompañamiento.

Formas creativas de pasar unas pocas horas con tus hijos

Con 24 horas al día, siete noches a la semana y dos días de descanso, ¿por qué todavía es tan difícil encontrar tiempo para tus propios hijos? Aquí hay unas pocas ideas para pasar tiempo de calidad y cantidad con tu familia.

Tiempo de sofá

Desde que tengo memoria, mi esposo y yo hemos tenido tiempo de sofá. ¿Qué es exactamente? Son los primeros quince minutos posteriores a que él entra por la puerta después de su trabajo. A menudo una música tenue suena de fondo y nos sentamos en nuestro cómodo sofá por 15 minutos relajándonos y abrazándonos. ¡Es espléndido! ¿Suena poco realista? ¡Te desafío a que lo intentes! Al principio, tus hijos pueden pensar que te volviste loca, pero lentamente comprenderán que este es «tiempo de mami y papi» y se adaptarán a ello. No hay nada más reconfortante para un niño que saber que mamá y papá están seguros, enamorados y sólidos. NADA. ¡El tiempo de sofá te toma solo 15 minutos! Inténtalo por un par de semanas. Te desafío.

—Megan

Días de ausencia

Falta a la iglesia alguna vez. Escúrrete. Lleva a tus hijos a un parque, a un centro comercial, o a tomar un helado en vez de ir a la iglesia. No hagas compras. No rezongues. No des sermones. Habla, ríete, haz preguntas y escucha. Probablemente te sientas culpable por faltar a la iglesia. Pero esa es tu propia glándula hiperactiva de «tengo que servir». No estés tan ocupado ministrando a los hijos de otras personas que termines olvidando los tuyos. Por favor.

Noche de cita... con tus hijos

Aparta una noche cada semana para una cita nocturna. Algunas veces tu familia puede hacer una actividad para todos juntos; otras veces pueden dividirse los chicos entre tú y tu esposo. Permítanles a los niños elegir lo que van a hacer. Y después háganlo, sin mirar el reloj ni estar pendientes del celular.

Una hora por semana

Fija una cita de una hora con cada uno de tus hijos cada semana. Ellos elijen qué cosas hacer juntos: jugar al básquet, a las muñecas, hacer un postre, todo se vale.

Fechas de cumpleaños

Cada mes, invita a tu hijo para una salida especial en el día de su cumpleaños. Por ejemplo, si tu hijo nació el 20 de septiembre, el día 20 de cada mes invítalo a comer una galleta antes de la escuela, un helado después de la escuela, o una pizza para cenar. De este modo sabrás que cada mes tendrás tiempo a solas con cada uno de tus hijos.

Vacaciones familiares

Cuando mi hermano menor se casó le escribí una carta (una larga carta) explicándole lo que apreciaba de él y enumerando algunos de mis recuerdos favoritos de nuestro tiempo juntos. Más de dos tercios de esos recuerdos provenían de nuestras vacaciones familiares. Nosotros vivíamos juntos, comíamos juntos y compartíamos el baño 365 días al año, pero lo que realmente recuerdo es jugar a las cartas en Yosemite, destruir una lancha inflable en Hawai y sus zapatos apestosos en Francia. Planea con anticipación y programa unas pocas vacaciones cada año. Si no hay mucho dinero, sal a acampar o quédate en casa de tus amigos. Pero sal de la casa.

Creatividad en casa

¿Por qué se nos ocurren todas estas grandes ideas de fiestas y juegos para nuestro ministerio de jóvenes, y después comemos las mismas pastas en el mismo comedor aburrido todas las noches en casa? Qué lamentable que agotemos nuestra cuenta bancaria de creatividad con nuestro grupo de jóvenes y que estemos en la bancarrota cuando entramos a nuestra propia casa. Piensa en cosas divertidas que haces con tu grupo de jóvenes e inténtalas con tus hijos. Ve con tus hijos a secuestrar a un amigo para desayunar en pijamas, sorprende a tus hijos al invitar a sus amigos a cenar, u hornea galletas (o un pastel de chocolate si no tienes mucho tiempo) y llévaselos a los amigos de tus hijos. Muéstrales a tus hijos que tus ideas alocadas también son para la familia.

La regla de limpiar la casa por 15 minutos

¿Has intentado limpiar tu refrigerador pero no tienes el tiempo suficiente? ¿Todavía estás usando shorts en invierno porque no has tenido tiempo de guardar la ropa de verano y sacar la de invierno? Comienza a repartir tus trabajos de limpieza de la casa en períodos de 15 minutos. Por supuesto, no tienes los 45 minutos que necesitas para limpiar adecuadamente el refrigerador, pero podrías tener 15 minutos, mientras cocinas la carne de los tacos, para limpiar los cajones de frutas y vegetales. No tienes la hora que necesitas para acomodar todo tu closet, pero sí tienes 10 minutos para organizar tus calcetines. Diez minutos aquí, quince minutos allá; todo suma para tener una casa más limpia y en calma.

1-800-GOODWILL

Yo solía odiar limpiar mi casa porque terminaba con bolsas llenas de donaciones para Goodwill (organización que acepta donaciones y las vende a precios muy bajos solo para cubrir los costos). Como no tenía espacio para almacenar las bolsas, terminaban apiladas en el garaje, encima de las herramientas de mi esposo, por meses. Hasta que al final, mi esposo ya no podía soportarlo más y arrastraba las bolsas al frente de la casa para que alguien se las llevara.

Pero todo eso cambió cuando descubrí que esta organización estaba dispuesta a venir a nuestra casa en CUALQUIER momento para recoger las donaciones. Probablemente tú tengas algún tipo de organización de esta clase en tu área que provea el mismo servicio. Ahora cuento con un lugar en el garaje donde ponemos nuestras donaciones, y cada cierto tiempo llamo a Goodwill y vienen un día o dos después. Mucho mejor para nuestro garaje. Mucho mejor para nuestro matrimonio.

La poderosa olla de cocción lenta

Si no haces caso a NADA más de este libro, al menos intenta este consejo que te ahorrará de una a dos horas por semana. Cómprate una olla de cocción lenta. Consíguete unas recetas, ya sea de un libro de comidas para cocción lenta o de un sitio web de estas recetas. En diez minutos puedes picar la comida, meterla en la olla de cocción lenta y dejarla allí sola de cuatro a ocho horas hasta que... ¡voilá! La cena está lista. Y casi siempre hay suficiente cena para dos noches. Algunos dicen que la comida es demasiado blanda, o que todo sabe a zanahorias, pero ¡oye!, para dos cenas baratas y saludables en 10 minutos, yo puedo volverme fanática de lo blando y de las zanahorias.

Enciende una vela

La *única* cosa que me gusta del cambio de horario en el otoño, cuando oscurece alrededor de las 5:30 p.m., son las cenas a la luz de la vela. Por el precio de una vela de cinco dólares y los siete segundos que me lleva encenderla nuestra familia disfruta de una atmósfera más relajante. Los chicos se comportan mejor, tenemos conversaciones más profundas y pasamos más tiempo disfrutando de la cena.

Sesenta minutos y algo de café

Aun cuando hayas tenido uno de esos días súper-archi-mega-extra malos, casi todo mejora cuando pasas una hora en un café. Ve tarde en la noche cuando tu esposo llegue a la casa o págale a alguna niñera para que cuide a tus hijos por una hora. Pero agarra un libro y tómate un tiempo para ti. (Yo sé lo que te digo. Estoy sentada en mi café favorito mientras escribo esto).

Tu propio diario de Bridget Jones: Una mujer soltera en el ministerio juvenil

Mi amiga soltera una vez llegó a esta conclusión: «La vida es como carreras de natación. Las mujeres casadas tienen a sus esposos y familias como flotadores. Ellas van lento, pero pueden permanecer nadando más tiempo. Las mujeres solteras son elegantes y pueden deslizarse por el agua más rápido. Pero sin los flotadores, sus brazos se cansan bastante».

Como una ex mujer soltera (y una ex nadadora), yo pude identificarme con su metáfora. Y si tú eres soltera, probablemente también te identifiques con ella. Tú tienes una agenda más flexible y más tiempo para perseguir tus propios intereses, pero junto con la libertad aparecen la soledad y las inseguridades. Espero que las siguientes palabras sean parte de los flotadores de brazo divinos que necesitas para seguir a flote.

Comprende en qué categoría estás

Las mujeres solteras en el ministerio juvenil se dividen en tres categorías. La primera consiste en las mujeres que están en la «duda de la soltería». Tienen dudas sobre ellas mismas, preguntándose si hay algo «mal» en ellas por lo cual no se han casado todavía.

La segunda categoría consiste en las mujeres que son «señaladas». En una cultura que por lo general gira en torno al matrimonio, ellas se preguntan si ser diferentes significa tener menos valor.

La tercera consiste en las mujeres que son «escogidas». Ellas entienden que Dios las ha seleccionado para ser solteras. Y aunque se queden solteras por otro mes o por toda su vida, saben que tienen un llamado divino para servir a Dios y a los otros en cada etapa de sus vidas. Han descubierto que cuando Dios llama, siempre provee, y eso incluye suplir sus necesidades de intimidad y crecimiento.

Cuando yo estaba soltera saltaba de una categoría a la otra. Pero mientras más me quedaba en las dos primeras, peor me sentía. Pídele a Dios que te ayude a disfrutar de tu soltería y atesora la sabiduría del teólogo menonita John H. Yoder: «El matrimonio no está mal, y los matrimonios existentes deben ser alimentados. Sin embargo, no existe un imperativo cristiano para casarse tan pronto uno pueda, o para preferir el matrimonio antes que la soltería como una situación de mayor plenitud... es necesario enseñar como una verdad cristiana normativa que la soltería es el primer estado normal para todo cristiano».

Encontrando contentamiento en tu propia tierra

¿Alguna vez miraste a las mujeres casadas que te rodean y deseaste estar donde ellas están? ¿Has deseado experimentar la vida como ellas lo hacen? Durante mis años de soltera yo sentía que tenía TODO este amor en mi corazón y nadie para recibirlo.

Durante ese mismo tiempo, descubrí unas palabras que cambiarían mi vida: «Confía en el SEÑOR y haz el bien; establécete en la tierra y mantente fiel. Deléitate en el SEÑOR, y él te concederá los deseos de tu corazón» (Salmo 37:3-4). A través de estos versículos el Señor me mostró que «la tierra» en la que él me tenía era exactamente donde él me quería.

Mientras yo estaba pegada a la cerca de mi tierra, mirando con ansias la tierra de mis amigas, el Señor amablemente me susurró: «Heather, date vuelta». Y cuando lo hice, lo que vi fue una generación de chicos que anhelaban experimentar el amor que estaba rebosando en mi corazón. Fue allí cuando mi «trabajo de tiempo completo» cambió: en lugar de ansiar estar en las tierras de otros, me comprometí a explorar cada pastito de las mías hasta que Dios escogiera abrirme la puerta y guiarme a una nueva tierra en mi vida.

—Heather

Día de la concientización de la soltería

Está bien, el día de San Valentín (o del amor y la amistad, en algunos países) es un día difícil. Aunque significa flores y romance para las parejas, es un día oficial de la concientización de la soltería para los solteros. Pero lo bueno sobre este día especial es que los solteros tienden a juntarse y organizar noches de películas y pizzas.

Son los otros días de la concientización de la soltería los que son realmente difíciles: las bodas, las fiestas del trabajo, las fiestas navideñas; esas ocasiones para «llevar a tu pareja». Tus dos mejores opciones: invitar a alguien o entrar a esa sala con la confianza que viene de conocer a Jesús. Tú eres SU amada. Y eso marca toda la diferencia.

Cuando entré al ministerio a medio tiempo, la única respuesta que parecía conocer era: «¡Sí!». Como era una mujer soltera, solía tomar responsabilidades con menos de 24 horas de anticipación, solía ser la última en irme de la iglesia por la noche, solía ser la primera en llegar por la mañana, solía acomodar mis vacaciones para poder cumplir con las actividades, y solía quedarme en la oficina hasta las dos de la mañana solo para «hacer algunas cosas más». Y de una manera un poco torcida me sentía bien por eso, como si fuera una mejor ministra o una mejor cristiana por hacer esos sacrificios.

Finalmente choqué contra una pared. Dura. Estaba agotada, seca, desanimada y no tenía idea de cómo encender la pasión por el ministerio que solía arder con tanto brillo. Fue durante este tiempo de desesperación y temor que surgió «el tiempo de Heather». Abrí mi agenda y comencé a bloquear períodos de tres horas, al menos en días alternos. Si no había períodos de tres horas disponibles, yo audazmente cancelaba lo que se interponía a esos tiempos.

Ahora, como una mujer casada que ministra a tiempo completo, ese tiempo es todavía más esencial, ¡y estoy tan agradecida de que comencé ese patrón saludable a principios de mi ministerio! ¡Estoy segura de que ha sido mi «tiempo de Heather» lo que me ha permitido continuar apasionadamente en mi ministerio por doce años!

—Heather

Un esposo sustituto

Cuando eres soltera es muy fácil hacer del ministerio tu esposo sustituto. Cuando te sientes sola, llamas a uno de tus chicos. Cuando tienes libre un viernes por la noche, te compras unas galletas de chocolate y organizas una fiesta para que el grupo de jóvenes se quede a dormir en tu casa. Cuando el pastor necesita a alguien para hacer horas extras, te ofreces voluntariamente porque, ¡oye!, tú no tienes una familia que te espera en casa. Aunque a veces eso está bien, si se convierte en un patrón habitual, podrías necesitar establecer algunos límites que te den una vida personal más allá de tu ministerio. Después de todo, existe una gran diferencia entre ser usada por Dios y estar agotada.

Ten amigos adultos

¿Cuánto tiempo has pasado con adolescentes en el mes pasado? ¿Cuánto tiempo has pasado con gente de tu misma edad? (Y no, quedarse a limpiar después del grupo de jóvenes del miércoles por la noche con el resto del equipo no cuenta). ¿Qué te dicen sobre ti misma estos dos números? ¿Estás tan ocupada con los muchachos que has perdido contacto con la gente de tu edad? Si es así, tómate un descanso de los adolescentes y empieza a salir con tus amigas.

El sexo y la mujer soltera

Un orador una vez dijo en tono de broma que «el sexo y los solteros» fue el seminario más corto que había dado. Si eso es verdad, él no sabe mucho sobre la soltería... ni sobre la sexualidad. Estar soltero no significa que no tengas una «vida sexual». Tú tienes las mismas hormonas y deseos que las mujeres casadas. Lo que falta es una vía de salida apropiada.

He visto mujeres solteras en el ministerio desarrollar amistades cercanas con algunos de los muchachos más grandes de la escuela secundaria. Ellas afirman que son como una «hermana mayor» que está ahí para escuchar y apoyar a los chicos, pero a menudo me pregunto si están satisfaciendo sus necesidades de intimidad y relaciones con el otro género de maneras enfermizas.

No te engañes. ¿Estás demasiado cerca de algunos de los jóvenes de tu grupo, especialmente de los estudiantes de último ciclo de secundaria? ¿Estás apoyándote en ellos para obtener atención masculina, y quizá hasta coqueteando para provocarlos? Si es así, entonces habla con una mujer confiable y confidente. Toma distancia de los chicos involucrados. Dios tiene algo mucho mejor para ellos y para ti.

Cuidado con la cita a ciegas

Mientras pasas a buscar a Juanita del grupo de jóvenes, la madre de Juanita te grita desde su coche: «Conozco a un gran muchacho para ti. ¿Quieres que te lo presente?».

Tu encoges los hombros y le dices: «Está bien», y cuando vienes a ver, estás compartiendo una noche glamorosa en un restaurante con un hombre que es quince años mayor que tú y que te recuerda más a tu papá que a una cita.

¿Te suena familiar? Si es así, formas parte del creciente club de mujeres solteras del ministerio de jóvenes que han tenido citas a ciegas realmente malas. La próxima vez que alguien te pregunte si quieres salir con su gran compañero de trabajo, vecino o primo, hazle unas cuantas preguntas de investigación: ¿Cuántos años tiene? ¿Qué le gusta hacer? ¿Cómo es su relación con Dios? ¿En qué tipo de ministerio está involucrado? Y esta es muy importante: ¿Por qué piensas que seríamos buenos el uno para el otro?

Pero, ¿los muchachos no se van a sentir intimidados por mí?

Antes de casarme, solía preocuparme de que los chicos se sintieran intimidados por mí porque era líder de jóvenes. Mis temores estaban justificados en cierto sentido. Algunos chicos que se acercaban a mí en los cafés cambiaban su tono cuando me preguntaban qué estaba leyendo y les decía que estaba estudiando griego del Nuevo Testamento.

Pero esto es lo que aprendí. Si un muchacho se siente intimidado por ti, probablemente no sea el chico adecuado para ti. Eso no significa que debes actuar como la gran mujer mala del ministerio de jóvenes, pero sí significa que deberías ser tú misma, con llamado y todo. Y si un muchacho no se siente atraído por eso, no vale la pena que le dediques tu tiempo.

Como no eres el sostén de una familia...

Muchas mujeres que reciben un salario de la iglesia por estar a cargo del ministerio de jóvenes han oído algo como esto: «Apreciamos tanto tu ministerio aquí, y nos encantaría pagarte más. Pero las cosas están duras. Y después de todo, tú no eres el sostén de una familia».

¡Uf! Doble ¡uf! En primer lugar, no es legal. En segundo lugar, algún día podrías casarte y necesitar sostener una familia y podrías usar los ahorros. En tercer lugar, si nunca te casas, probablemente necesites más ahorros porque la única aportando dinero eres tú. Pide que se te pague de acuerdo a la escala de salarios establecidos por la iglesia para el resto de sus empleados. Que tengas o no un anillo en tu dedo no debería marcar la diferencia en tu cheque.

No oprimas el botón de pausa

¿Tienes una lista de cosas que vas a hacer «cuando te cases»?

¿Irte de mochilera por Europa, comprar tickets para el campeonato de la liga profesional de fútbol americano, escalar el Monte Whitney? ¿Existe mayor probabilidad de que alguna de esas cosas ocurra cuando estés casada y tengas más responsabilidades? Posiblemente no.

Entonces, ¿por qué esperar? Consíguete algunas amigas, ahorren algo de dinero y láncense a la aventura. No solo es bueno para ti, sino también para tus estudiantes. Ellos aprenderán que ser soltero no significa que tienes que oprimir el botón de pausa en tu vida.

Adopta una familia

¿Cuál familia de la televisión ofrece la visión más realista de la vida familiar para las familias de tus estudiantes?

- Los Osbourne
- Los Brady

- Los Simpson
- Los Huxtable
- Los Gilmore (de la serie de las Chicas de Gilmore de WB)
- Los López (del show de George López de ABC)
- Los Hennessy (de la serie Reglas Simples de ABC)

¿Qué te parece ninguna de las anteriores?

Es fácil considerar la vida marital como algo glamoroso. Desde la isla de la mujer soltera, la isla de la mujer casada parece como una mezcla de Hawai y Tahití. Pero no lo es. Y necesitas saberlo.

Acércate a las familias de tus estudiantes, especialmente de las muchachas. Invítate para ir a cenar a sus casas. Ofrécete para ir los sábados a quitar las malas hierbas de su patio. En medio de las comidas y el trabajo de jardinería vas a ver que la vida familiar no es un lecho de rosas.

Durante mis años de estudiante universitaria, deseaba mucho tener un compañero. Tenía gran cantidad de buenos amigos, pero este deseo era diferente. Desde el primer momento en que comencé a prestarles atención a los chicos, desarrollé una lista de características que quería que tuviera el muchacho que algún día elegiría. Pero después de años de no salir con nadie, la gente que me rodeaba me decía que tal vez mis estándares eran demasiado altos. Empecé a escuchar sus opiniones.

Fueron esas voces las que me llevaron a considerar a un chico llamado Kyle. Kyle había estado interesado en mí por más de un año, pero yo no estaba interesada en él. Él luchaba con su carácter y no tenía buen gusto para vestirse. A él no le entusiasmaba mi ministerio; y cuando yo pensaba en besarlo, me empezaban a dar arcadas.

Pero al mirar alrededor, nadie más me estaba mirando, así que cedí ante las opiniones de los demás y ante Kyle. Lo que siguió fueron dos citas y un año miserable intentando convencerlo de que yo no era para él.

Amiga, no importa qué tanto desees a alguien con quien compartir la vida y las risas, ¡no bajes los estándares que Dios ya ha puesto en tu corazón! Génesis 2:18 nos dice que Dios creó una «ayuda idónea» para Adán (alguien diseñada para él).

Si sabemos eso, ¿por qué tantas de nosotras paseamos por los «estantes de descuento» de los hombres para buscar al «elegido»? Como mujeres que fuimos entretejidas en el vientre de nuestras madres por nuestro Creador, ¡merecemos mucho más que una oferta desteñida!

—Heather

Conoce tu lugar en el espectro de vulnerabilidad

Algunas mujeres solteras en el ministerio de jóvenes son muy herméticas en cuanto a sus vidas amorosas. Ellas creen que no es asunto de sus estudiantes y no quieren arrastrarlos por los altibajos de sus romances. Otras mujeres solteras son Encuestadoras Nacionales y les comentan a sus estudiantes lo que les gusta y no les gusta de sus citas con la excusa de ser «reales».

¿En cuál extremo estás tú? ¿Y qué puedes hacer al respecto? Si eres demasiado reservada en cuanto a tus citas, cuéntales a tus estudiantes un poco más sobre los chicos que estás conociendo. Pídeles que oren por sabiduría mientras conoces a diferentes muchachos. Y si eres demasiado abierta, hazte el propósito de darles menos información. Pregúntate si estarías divulgando la misma información si los padres de tus estudiantes estuvieran sentados allí contigo. Si no, probablemente debas mantener tu boca cerrada.

Cómo controlar tu agenda personal para que no te controle a ti

Trata de llenar el espacio en blanco que aparece a continuación lo mejor posible:

Tu visión y utilización del _____ dice más de ti... que casi cualquier otra cosa. No se trata de un extra en tu vida, sino del medio por el cual tiene lugar todo lo que vemos, oímos, sentimos, imaginamos, pensamos y juzgamos.

¿Pensaste en algunas opciones? ¿Sería más fácil si te dijera que esta cita fue tomada de un libro escrito por Robert Banks llamado *The Tiranny of Time* [La tiranía del tiempo]?

Nuestro tiempo es nuestro bien más valioso. Es una de las pocas cosas que una vez que usamos no podemos recuperar. Es uno de los mayores regalos de Dios para nosotros, por lo tanto, una de nuestras preguntas diarias debería ser: ¿Cómo puedo usar de la mejor manera el regalo de las próximas veinticuatro horas? Como mujeres en el ministerio de jóvenes, hay todo tipo de respuestas para esa pregunta. Seguro que tu respuesta es diferente a la mía. Tu respuesta sobre el martes probablemente sea diferente que tu respuesta sobre el viernes. Ya sea que enfrentes un día de cambio de pañales o de reuniones consecutivas, esta sección te ayudará a descubrir algunos temas comunes en cuanto a agendas y a organizar tu tiempo en ellas.

Examen de verdadero o falso

En el libro *When I Relax I Feel Guilty* [Me siento culpable cuando me relajo] (¿no te fascina el título?), Tim Hansel identifica varios mitos que tenemos sobre la importancia del trabajo en nuestra agenda. Lee la siguiente lista y encierra en un círculo los mitos que atesoras en *tu* corazón.

- El trabajo es la fuente principal de mi identidad.
- El trabajo en sí es bueno, por lo tanto, mientras más trabaje, mejor persona seré.
- No estoy sirviendo al Señor de verdad a menos que continuamente llegue al punto de la fatiga.
- Mientras más trabajo, más me ama Dios.
- Si trabajo duro durante cincuenta semanas al año, me «merezco» unas vacaciones.
- La mayoría de mis problemas se resolverían si tan solo trabajara más duro[2].

Cuando yo leí esta lista hace unos años atrás, observé a mi hijo recién nacido. El monumental logro diario de Nathan a sus tres meses era ensuciar sus pañales. Y sin embargo, yo lo amaba más de lo que me pudiera imaginar. Así se siente Dios con relación a ti. Tú eres su amada. Tu trabajo es irrelevante para él.

Me tomaré un descanso cuando el trabajo esté terminado

Quizá vivas en un mundo más utópico que el mío, pero siempre habrá un estudiante más con problemas, una charla más que ajustar, o un (o veintiún) correo electrónico más que contestar. Ser líder de jóvenes y por ende un seguidor de Cristo, significa que nuestro trabajo nunca se termina. Sin embargo, vivimos como si las cosas fueran a mejorar si trabajáramos más duro.

Piensa en Jesús. Cuando se mudó al vecindario judío le inundó todo tipo de gente con toda clase de necesidades. ¿Y qué hizo? ¿Qué hizo Jesús? No sanó a todos, eso es lo que hizo.

Si descanso, la gente va a pensar que soy vaga

Si te preocupa el impresionar a otros, para empezar no deberías estar en el ministerio de jóvenes. Tu audiencia principal no son las demás personas ni tú, sino tu Padre que está en el cielo.

Además, la cosa es al revés: en realidad el estar ocupados es un signo de vagancia. Demuestra que no tienes la fuerza ni la voluntad de ir en contra de nuestra cultura. El permitir que otros decidan tu agenda, y por tanto evitar las terribles decisiones en cuanto a establecer prioridades sobre lo que vas y (especialmente) sobre lo que NO vas a hacer, te hace *más* vaga, y no menos.

Siempre me han pedido que ocupe roles de responsabilidad por el hecho de haber crecido como una líder extrovertida, enérgica, elocuente y franca. Todo comenzó en el jardín de infantes cuando me otorgaron el honor de ser la primera en la fila. Continuó durante la escuela primaria donde yo era consejera de mis compañeros y miembro de la patrulla escolar. La escuela secundaria me asignó los roles de líder de sección, presidenta del consejo estudiantil de mi clase, presidenta del SADD (organización dedicada a prevenir manejar bajo la influencia de bebidas alcohólicas) y oradora de SHOC (un comité antidrogas y alcohol). ¡No voy a seguir con mis años de universitaria!

A medida que fui madurando, comencé a entender que por la forma en que Dios me había creado, nunca estaría sin cosas que hacer o sin pertenecer a algún ministerio, pero yo no era la única que Dios podría usar para ensanchar ese ministerio, motivar a algún muchacho, o solucionar ese problema mundial. Y eso, amigas mías, fue el primer paso hacia mi recuperación del «síndrome de salvadora». Me di cuenta de que no solo estaba trabajando en exceso, sino que también cabía la posibilidad de que estuviera ocupando el espacio de alguien más en el cuerpo de Cristo; alguien que pudiera ocupar ese lugar de manera más eficiente.

—Heather

Si dejo de trabajar, ¿quién hará el trabajo?

Sin dudas este es mi obstáculo más insidioso para ponerme a descansar. ¿Quién es el trabajador supremo? ¿Quién es el pastor supremo? Como tú, yo soy pastora (con p minúscula) de los estudiantes, pero nuestro Padre es el Pastor supremo (con P mayúscula). No estamos jugando a la mancha o los escondidos con Dios. No se trata de que sea mi turno por un rato y luego, cuando me canso, le toco la mano a Dios para que sea su turno de hacerse cargo. SIEMPRE es su turno.

«La fatiga nos hace cobardes».
—Vince Lombardi, entrenador de fútbol americano

El número cuatro en los diez favoritos de Dios

¿No te encantan los días festivos? Y no me estoy refiriendo solo a los tres más grandes: Pascua, Acción de gracias y Navidad. Me refiero a esos otros días que caen lunes: el día de conmemoración a los caídos, el día del trabajo y el día de los veteranos de guerra. Veinticuatro horas sin trabajar. Veinticuatro horas para descansar y relajarnos. Veinticuatro horas para dedicar a la familia y a los amigos que más quieres.

¿Qué pasaría si te dijera que el Dios del universo quiere que tengas esas veinticuatro horas todas las semanas?

Como mujer en el ministerio juvenil puede que hayas esquivado exitosamente las minas más obvias de inmoralidad sexual, mentira, engaño en tus impuestos, etc. Pero observa el mandamiento número cuatro de la lista original de los diez favoritos de Dios que se encuentran en Éxodo 20:8-10: «Acuérdate del sábado, para consagrarlo. Trabaja seis días, y haz en ellos todo lo que tengas que hacer, pero el día séptimo será un día de reposo para honrar al Señor tu Dios».

Las mujeres líderes de jóvenes violan este mandamiento más que nadie.

Supongo que he estado expuesta a la ética de trabajo protestante por mucho tiempo en mi vida. He aprendido que el trabajo es bueno. El trabajo es santo. Dios quiere que yo trabaje. Siempre y cuando pueda cuidarme de no enfermarme, ¿cuál es la diferencia si trabajo y estudio de setenta a ochenta horas por semana? Hasta que me atreví al compromiso de tomarme un día de reposo hace algunos años, no tenía idea de lo que me había estado perdiendo. ¿Cómo puedo entrar en el lugar secreto al lado de las aguas quietas a menos que me detenga? ¿Cómo puedo guiar a otros al lugar secreto al lado de las aguas quietas si estoy en constante movimiento?

En California tenemos rutas de peaje especiales. La idea es que si conduces por ellas, llegas más rápido. Un día estaba manejando y vi un cartel enorme: «NOSOTROS NO NOS DETENEMOS, ¿POR QUÉ DEBERIAS HACERLO TÚ?». En ese momento me quedé con la boca abierta. Te digo por qué me debo detener: porque cuando no lo hago estoy impaciente en lugar de estar calmada, me vuelvo controladora en vez de amable, me pongo irritable en lugar de estar segura y previsible, y reacciono en vez de responder con compasión. ¡Esa es la razón! El descanso me cambia. Y a ti, también.

—Megan

Si quieres tener tu propio día de reposo, aquí hay algunos consejos para tener en mente:

- El día de reposo tiene que ver más con la libertad del Nuevo Testamento que con la ley del Antiguo Testamento. Jesús abolió el legalismo del día de reposo, NO la práctica del día de reposo. Más bien, le dio más importancia al llamarse a sí mismo el «Señor del día de reposo» (Mateo 12:1-8). Si estás evitando el día de reposo, quizá estés viviendo en el mismo tipo de legalismo que tenían los fariseos del primer siglo. Después de todo, ¿cuál es la raíz del legalismo? Es pensar que debes GANARTE la salvación. Muchas mujeres en el ministerio juvenil estamos evitando el día de descanso con la misma motivación oculta: pensar que tenemos que GANARNOS la aprobación de Dios.

- Cada semana mira con anticipación tu calendario y designa algún tiempo con la palabra Sabático. Después de todo, el sabático no va a aparecer automáticamente en tu calendario. Tienes que programarlo intencionalmente. Nadie lo va a hacer por ti.

- En tu sabático, ORA y JUEGA[3]. Un buen día de reposo consta de tiempos valiosos de adoración, oración, tomar notas y meditar; así como también de tiempo para salir con los amigos, hacer una caminata o leer una novela apasionante.

Conocí a una líder de jóvenes que dijo que su jefe no le permitía a nadie tomarse un día de descanso. Solía decirles: «El ministerio nos necesita». Yo la miré fijamente a los ojos y le dije: «Deja tu trabajo». Al principio, ella pensó que yo estaba loca, pero después se dio cuenta de que trabajaba para un adicto al trabajo vestido con piel de ovejas. Ella regresó y le mostró los pasajes de las Escrituras en los que Jesús claramente descansó, y él la echó.

—Megan

- Separa todo el tiempo que puedas, aunque sea medio día o unas pocas horas. Hay momentos en mi vida en que las demandas del ministerio o los compromisos familiares no me permiten tomarme un día entero de descanso. Esas semanas, trato de apartar medio día, o tres horas. Lo que pueda apartar. Y si tienes hijos, quizá tengas que tomar turnos con otra familia que tenga hijos para poder tener un tiempo de calidad y tomarte un sabático cada dos semanas.

- Evita hacer cosas que tienes pendientes, húyeles como la peste. Es tentador «accidentalmente» hacer algo que en realidad es trabajo (por ejemplo: limpiar el garaje, comprar un regalo de cumpleaños para tu hermano, acomodar tu ropa, etc.) en tu día de descanso. En cuanto te sea posible, trata de hacer actividades que realmente te refresquen y te renueven. Tienes los otros seis días restantes para hacer todo lo demás. Quizá debas intentar una de mis tradiciones: dormir la siesta. En realidad, dormir es un acto de fe increíble. Cuando yo duermo durante el día estoy diciendo: «Dios, confío en que te haces cargo de las cosas hasta que me despierte».

A todos los pastores de mi iglesia se les permite un día y medio de descanso por semana. Como el domingo, que es un día de descanso normal para la mayoría de la nación, es uno de nuestros días de ministerio más ocupados, terminamos tomándonos nuestro sabático otro día. Cuando empecé a trabajar como pastora de los estudiantes de primer ciclo de secundaria, intenté tomarme mi día y medio. Miraba mi agenda el lunes y pensaba, ¿qué día me puedo tomar esta semana? Todo lo que veía eran citas, reuniones y actividades que abarcaban todos mis días. Bueno, me decía a mí misma, me voy a asegurar de tomarme un día la próxima semana. Y nunca podía hacerlo.

El año pasado me avivé. Fui al mes de septiembre en mi agenda electrónica y marqué todos los jueves como «día libre». Además, les comenté a mis colaboradores, al personal voluntario y a las familias de los estudiantes que de ahí en adelante los jueves serían mis días de descanso. Me emocioné (¡y hasta me sorprendí!) cuando todos respondieron con palabras como «¡Me alegro por ti» o «¡Estoy orgulloso de ti!».

En esas semanas locas en que la vida parece salirse de control, miro hacia mi día sabático y digo: «¡Puedo llegar hasta el jueves!»

—Heather

- Habla francamente sobre lo que estás haciendo con tus estudiantes, amigos y la gente de tu iglesia. En el ministerio hemos hecho un trabajo fantástico de contagiarnos unos a otros con una seudo-adicción al trabajo camuflada de dedicación. ¿No sería magnífico si pudiéramos dar vuelta a la torta y contagiarnos unos a otros con un compromiso al descanso y al refrigerio bíblico? ¿No sería fantástico si alguien se te acercara en el lobby de la iglesia y te preguntara: «¿Estás ocupada siempre?» y que sinceramente le dijeras: «No, para nada»... y que al decir «no» no hayas sentido que te juzgaban o ridiculizaban? Los padres de la iglesia primitiva te hubieran dicho que estar ocupado era pecado. ¿Cómo es que un vicio se ha vuelto una virtud?

Usa una nueva regla

Como mujer en el ministerio juvenil, es fácil evaluar nuestros días en base a cuánto logramos hacer. Si progresamos en nuestras charlas, terminamos el registro para el viaje misionero, tuvimos unas buenas conversaciones con los estudiantes y contestamos todos nuestros correos electrónicos, sentimos que fue un día productivo. Si no, nos sentimos mal con respecto a nuestros días y a nosotras mismas.

¿Dónde dice la Biblia que deberíamos juzgar nuestros días en base a cuánto hacemos? En realidad, Jesús dice todo lo contrario. Nuestras dos prioridades son amar a Dios y amar a los demás. Por lo tanto, intenta usar como regla para medir cada día cuánto amas a Dios y cuánto amas a la gente.

Cuadro de prioridades

Era uno de esos días. Estaba tan abrumada y ocupada que sentía que ni siquiera tenía tiempo de ir al baño (sabes a lo que me refiero, ¿no es así?). En la cena, le estaba contando de mi ansiedad a mi esposo, Dave, que como todo ingeniero, me sugirió que intentara hacer algo que se llama cuadro de prioridades. Es algo que él inventó, pero así es como funciona:

Lado B

Lado A	Cosas que me gusta hacer...			
	Totales			

Comienza escribiendo la lista de asuntos que quieres priorizar (por ejemplo, tus roles o tareas «para hacer») en la columna de recuadros sombreados del lado izquierdo del cuadro (lo llamaremos «Lado A»). Luego, escribe la misma lista de cosas en la fila de recuadros sombreados de la parte superior (lo llamaremos «Lado B»).

Considera el ítem enumerado en el primer recuadro sombreado del Lado A, compara cada ítem enumerado en los recuadros del Lado B, y pregúntate cuál de las dos cosas es más importante. Si el ítem o la tarea del Lado A es más importante, escribe un cero en el recuadro entre los dos ítems. Si la tarea del Lado B es más importante, entonces escribe un uno. Cuando la primera fila esté completa, comienza de nuevo usando el ítem escrito en el segundo recuadro sombreado de la columna del Lado A.

Cuando hayas completado cada recuadro, suma los números de cada columna y escribe los totales en la fila inferior del cuadro. Los ítems del Lado B que tienen totales más altos en el cuadro, también deberían tener mayor prioridad en tu vida.

Aquí hay un ejemplo:

Lado B

Lado A	Cosas que me gusta hacer...	Besar a mi esposo	Instalar la plomería	Preparar la cena
	Besar a mi esposo	1	0	0
	Instalar la plomería	1	1	1
	Preparar la cena	1	0	1
	Totales	3	1	2

Trato de hacer esto cada uno o dos meses; y cuando lo hago, rápidamente me muestra en dónde debo enfocar mi energía y lo que debería considerar quitar de mi agenda. (Obviamente, ¡necesito besar a mi esposo!). Este ejercicio para priorizar me toma de diez a quince minutos, pero me ha ahorrado cientos de horas.

Búscate un hobby

¿Qué haces para divertirte? Y no hablo de asistir a competencias de atletismo de la secundaria, eso no cuenta. Déjame reformular la pregunta. ¿Qué haces para divertirte que no tenga nada que ver con ser una mejor líder de jóvenes? ¿Estás confundida? Entonces necesitas un hobby. Toma clases de baile. Pide prestada una bicicleta todo terreno. Vuélvete una aficionada de las pastas. Desarrolla un pedazo de tu vida que sea solo tuyo.

Haz ejercicios

Probablemente esta no sea la primera vez que has escuchado esto, pero el ejercicio físico es esencial para tu salud física, emocional, mental y hasta espiritual. Sin embargo, muchas veces lo que menos quiero hacer es ponerme los Adidas, poner a mis niños en el cochecito y salir a caminar por el vecindario.

Pero lo hago. ¿Por qué? Porque me digo a mí misma que cuando termine estaré feliz de haberlo hecho. Mi mente se siente alerta, mi cuerpo se siente fuerte y mis emociones se sienten balanceadas.

Pregúntate a ti misma: ¿Alguna vez te has arrepentido de haber hecho ejercicio? Seguramente no. Así que encuentra algo que se ajuste a tu horario y a tu presupuesto (yoga*, levantar pesas, natación, unirte a una liga de fútbol, encontrar una compañera para caminar), átate las zapatillas y empieza a sudar.

Relajación de quince minutos

¿Has descubierto algo que puedes hacer en quince minutos que te relaje completamente? ¿Arrancar la hierba mala te calma los nervios? ¿Levantar el teléfono y llamar a una vieja amiga de la universidad te tranquiliza el alma? Para mí, quince minutos en la tina del baño hacen toda la diferencia. Así que descubre algo que te relaje en diez o quince minutos y date la libertad de disfrutar de esa actividad *cada* vez que necesites una pausa. Estar relajada es uno de los *mejores* regalos que les puedes dar a tus amigos, familia y estudiantes que más quieres. Al cuidarte a ti misma, estás cuidando de ellos también.

Mis martes son de locos. Me despierto a las seis de la mañana, salgo de casa alrededor de las ocho, voy a

*En lo referente a ejercicios físicos.

todas las reuniones que haya ese día y luego me junto con mi grupo pequeño de estudiantes hasta las nueve y treinta de la noche. Es un día torbellino. Sin embargo, recientemente he descubierto un método para sobrevivir en este día caótico. En mi agenda electrónica escribo la palabra relajarse a las cuatro y media de la tarde. Una vez que suena la alarma, me demoro casi media hora en salir de la oficina, pero alrededor de las cinco estoy en casa RELAJÁNDOME en la tina de mi baño por 15 minutos (con burbujas y todo). Enciendo una vela, apago el teléfono, y me empapo, empapo y empapo. Después, alrededor de las cinco y media de la tarde estoy vestida y lista para continuar, solamente que ahora siento que mi tanque está lleno otra vez porque oprimí el botón de pausa en medio de todo.

—Megan

Una comparación de uno a uno

Por mucho tiempo he incluido demasiadas cosas en mi agenda porque, después de todo, «es solo una reunión de una hora» o «ese estudiante realmente necesita alguien con quien hablar». Aunque eso pueda ser verdad, he comenzado a ver mi tiempo en una comparación de uno a uno. Al comparar esa reunión de una hora con una hora con mi familia, me pregunto: ¿vale la pena? Al comparar el tiempo que paso con un estudiante con el tiempo que dedico a jugar a los trencitos en la alfombra de la sala con mis hijos, ¿cuál es el mejor uso del tiempo? Cuando haces una comparación tan directa tus prioridades saltan a la vista. Rápidamente.

Detrás de la fachada: Tentaciones e inseguridades

¡Soy una mujer! ¡Óyeme rugir!

Bueno, está bien... algunos días. Otros días me siento más como un ratón que como un león. ¿Por qué algunos días me siento confiada en mi llamado y disfruto la oportunidad de ministrarles a los estudiantes, mientras otros días estoy paranoica sobre lo que los demás piensan de mí y preferiría solo quedarme en la cama? Si somos sinceras con nosotras mismas, cada una de nosotras tiene nuestra larga lista de tentaciones e inseguridades que nos paraliza. Y a veces los puntos de nuestras listas parecen contradecirse entre sí: orgullo un día, inseguridad el día siguiente, el lunes nos sentimos grandes y el martes nos despreciamos.

La mala noticia es que a causa de nuestro pecado, nunca seremos capaces de ser totalmente libres de nuestras tentaciones e inseguridades. Pero, como lo vamos a ver en esta sección, la buena noticia es que a causa de la gracia de Dios, al menos podemos dar algunos pasitos de bebé. Después de todo, tres pasos hacia delante y dos hacia atrás, todavía es un paso hacia delante.

En el mejor de los casos, nos sentimos diferentes. En el peor de los casos, nos sentimos aisladas.

Ser una mujer en el ministerio juvenil se parece mucho a la serie de libros de ¿Dónde está Wally? Te sientes diferente al resto. Eso está claro, eres diferente de los hombres con quienes trabajas (ver las secciones tres y cuatro para más información sobre este tema).

Y aunque probablemente tengas algunas amigas increíbles, si no han estado sentadas llorando con un jovencito de dieciséis años que tiene el corazón roto, o si no han comido rosquillas aplastadas a las seis de la mañana después de pasar toda la noche sin dormir, no te comprenden totalmente.

Cuando me di cuenta por primera vez de que tenía inclinación por el ministerio de jóvenes, comencé a buscar «heroínas» que me hubieran precedido. Tan solo necesitaba una. Su nombre era Lori Salierno, ¡y ella realmente lo hacía! Enseñaba a hombres y mujeres, jóvenes y ancianos, sobre el ministerio juvenil práctico. Así que me atreví y la llamé por teléfono. Ella respondió de maravilla y al cabo de un tiempo, ¡hasta nos conocimos personalmente! Básicamente me dijo: «En la cultura del ministerio juvenil dominada por hombres, necesitas hacer todo lo que puedas para demostrar tu valor. Ve al seminario. Aprovecha cada oportunidad que tengas. No tengas miedo de ensuciarte las manos. Ve y haz lo que otras personas no harían. Sé dispuesta, edúcate, y ora, ora, ora para que Dios te guíe directamente según su camino. Y recuerda, "el que te llamó ES fiel"... mantengámonos unidas».

¡Ayúdenme! Soy mujer en el ministerio juvenil

Este momento para mí fue el comienzo de encontrar a otro Wally en mi mundo. ¡Fue fabuloso!

—Megan

En el peor de los casos esos sentimientos de ser diferente te llevan a sentirte aislada. Es tentador quedarnos más y más en nuestro rincón de «no me comprenden». No te quedes ahí por mucho tiempo (para obtener más ayuda lee la sección dos de este libro, que aborda el trabajo en redes).

Una encuesta realizada a dos mil cuatrocientos líderes de jóvenes de denominaciones múltiples en 1998 reveló que las mujeres líderes de jóvenes son más propensas a sentirse incompetentes que los hombres[4]. Tal vez es verdad que somos menos competentes, pero yo creo que es más probable que seamos igual de competentes, pero no nos damos cuenta.

Mensajes confusos

Como mujeres líderes recibimos todo tipo de mensajes confusos:

- Estate pendiente de todo, pero no te pases todo el tiempo en los detalles.
- Deja ver tu lado femenino, pero no seas tan delicada.
- Sé inteligente, pero no demasiado inteligente.
- Usa tus dones, pero no tan públicamente.
- Sé fuerte, pero no intimidante.
- Sé atractiva, pero no distraigas a los hombres con quienes trabajas.
- Sé agradable, pero no débil.

Mensajes como estos son suficientes para que una chica se vuelva loca (especialmente si no tiene alguien con quién hablar sobre ello). Busca otra mujer (preferiblemente una líder de jóvenes) y hablen sobre los mensajes confusos con los que luchas. Invítala a que te diga si estás siendo demasiado agradable o no lo suficientemente agradable, demasiado fuerte o no lo suficientemente fuerte, aun si los demás te perciben de esa forma. Tu carácter se va a profundizar y el impacto que tengas también.

Entre una debilucha y una bruja

Una de las cosas que más pido en oración para mí es que pueda ser una mujer de «fuerza tierna». ¿Por qué creo que la fuerza tierna es tan importante? Primero, Jesús nos dejó el modelo. Él lloró con compasión, sin embargo tumbó las mesas del templo. Él lamentó la muerte de su amigo, pero también enseñó con convicción y pasión.

Y segundo, aunque el modelo de fuerza tierna de Jesús se aplica tanto a hombres como a mujeres, es aun más importante que nosotras lo lleguemos a dominar a causa de las expectativas que nuestra cultura (incluyendo la cultura de la iglesia) tiene de las mujeres líderes. La gente espera que hagamos mucho énfasis en nuestra ternura y seamos debiluchas. O esperan que nuestro péndulo oscile hacia la otra dirección y que enfaticemos mucho nuestra fuerza y nos convirtamos en brujas (u otra palabra de mal gusto). Aunque nos sintamos tentadas a sucumbir ante las expectativas culturales, pídele a Dios que te ayude a descubrir cómo ser una líder de fuerza tierna.

Usa anteojeras

¿Me parece a mí o las mujeres en el ministerio de jóvenes se preocupan más que sus colegas masculinos por lo que otros piensan de ellas? Parecemos estar mucho más preocupadas por lo que piensan los padres sobre nuestra nueva idea acerca del sexo, por lo que piensa nuestro pastor sobre nuestra nueva adoración con bongós, y por lo que piensa el equipo juvenil si llegáramos a cancelar la fiesta navideña de ellos. Algunas veces esa sensibilidad a los sentimientos de la gente es útil. Pero otras veces es dañina. Nos hace dudar de nosotras mismas antes de apretar el gatillo. En lugar de decir: «Preparen, apunten, ¡fuego!», las mujeres tendemos más a decir: «Preparen, apunten, apunten, apunten, apunten, apunten... ¿fuego?». Y aun cuando decidimos algunos cambios, todavía nos quedamos hasta tarde en la cama preguntándonos cómo responderán los demás.

Otro término para esto es (prepárate...) «complaciente». Lamentablemente he sido víctima de esto más veces de las que puedo contar. A menudo siento la presión de actuar. De ser la mejor en todo, sin fallar en nada, ¿te suena?... ser cualquier persona menos tú con tal de agradar a los demás.

Me tomó un año para finalmente darme cuenta de que Dios no me trajo a Saddleback para ser «como el otro». Me trajo aquí para usar mis dones únicos en un lugar que desesperadamente los necesitaba. Necesitaba mi energía, mi percepción, mi experiencia, y sí, hasta mi sensibilidad

¡Ayúdenme! Soy mujer en el ministerio juvenil

para ayudar a crecer no solo a los estudiantes, sino también a nuestro equipo. No dudes de tus dones únicos, más bien, ten un espíritu enseñable mientras confías en ti misma.

—Megan

Si tú eres así, necesitas unas anteojeras. No dejes que la estática de las opiniones de los demás bloqueen tus antenas divinas. Descubre lo que Dios quiere que hagas y hazlo. A lo largo del camino, invita a gente a que se sume a la visión, pero no te quedes atascada en la estación de: ¿Qué pasa si a la gente no le gusta?

Presumir usando lenguaje cristiano

«¡Ay! Dios está haciendo *tanto* en nuestro ministerio. Nuestros grupos pequeños van muy bien y se están convirtiendo TONELADAS de chicos». Es tentador hablar de todas las cosas que «Dios está haciendo» para encubrir nuestro orgullo. Cuando hablas acerca de tu ministerio, ¿de verdad estás tratando de darle a Dios la gloria o te gustarían unas miguitas de esa gloria para ti? Si tiene que ver más contigo que con Dios, quizá debas dejar de hablar por un tiempo. El silencio puede hacer que tu carácter sea de oro.

La palabra cristiana que empieza con «B»

Probablemente hayas oído la palabra cristiana que empieza con «B» en el lobby de tu iglesia. Tiene cuatro letras. Tú sabes de qué estoy hablando: *bien*.

—¿Cómo estás?
—*Bien*, ¿y tú?
—¿Cómo están tus hijos?
—Ah, están *bien*.
—¿Cómo va el trabajo?
—*Bien*, gracias.

Cuando yo digo que estoy «bien», estoy tomando la salida fácil: buscando la respuesta más rápida que me proteja de comunicar cómo me está yendo en realidad.

Por lo tanto, estoy en una cruzada personal por abolir la palabra *bien*. ¿Qué tantas veces estamos bien? Salto de la negación a la desesperación y rara vez me detengo en un absoluto bien. Decir «estoy bien» es un pretexto.

¿Qué palabras utilizas para encubrir cómo te va en realidad? Cuando combinamos nuestras inseguridades con nuestra cultura de «no tengo tiempo para escuchar cómo te va», encontramos la fórmula perfecta para la superficialidad. Por favor, por la gracia de Dios, ábrete a otros. Cuéntales realmente cómo te va y con qué estás luchando. Usa palabras como *fantástica, terrible, eufórica, desesperada*. Deja que tus amigos y tus estudiantes observen la gama completa de tus emociones.

A medida que he luchado entre el sentir la necesidad de ser fuerte y de querer ser honesta y sincera, he descubierto una forma de salir victoriosa. La pregunta generalmente viene cuando estoy teniendo uno de «esos» días... Ya sabes, me quedo sin desodorante (y el último poquito salta de la botella y ¡cae en mi camisa negra que tenía lista para ponerme!), el auto no enciende en la fría mañana de Minnesota, entro al edificio de la iglesia totalmente consciente de que no saldré de allí por las próximas dieciséis horas, y el primer mensaje telefónico que escucho es de la madre de un estudiante de séptimo grado preguntándome: «¿Llevará algunas otras acompañantes cuando lleve a los cien estudiantes de secundaria al centro comercial de las Américas el viernes?».

Y luego viene la pregunta mientras camino hacia la sala de recursos: «¿Cómo estás?». ¿Miento y digo que la vida nunca ha sido mejor? ¿Miro fijamente al custodio que acaba de hacerme esa pregunta aparentemente inofensiva y le digo: «Siéntese que le cuento»? Bueno, ambas respuestas causarían dolor. Primero, dolor para mí al esconder la frustración del día. Segundo, dolor para el amigable custodio que se encuentra con mucho más de lo que quería saber de mí.

En lugar de eso he aprendido a decir: «Gracias por preguntar; en realidad estoy teniendo un día difícil, ¡pero espero que mejore!». Si la persona trata de profundizar y yo no estoy lista para hablar, le digo: «Gracias por preocuparte, pero preferiría no hablar de eso por el momento». Puede sonar simple. Hasta puede sonar un poco breve. Pero es una hermosa mezcla de humanidad y verdad que traza un límite particular en tu ministerio.

—Heather

Ratas de centro comercial

¿Qué actividad es fácil de hacer con las chicas adolescentes? Ir al centro comercial. Y cuando vas al centro comercial, ¿cómo terminas sintiéndote sobre ti misma? Por lo general, peor. No tienes el cuerpo correcto para que te sirva la ropa (y aunque lo tuvieras, no tienes el dinero para comprártelas).

Piensa en algunas otras actividades para hacer con las chicas. Preparen la cena juntas, ofrézcanse de voluntarias para cuidar los niños de una madre soltera de la iglesia o hagan los afiches para promocionar el próximo viaje de fin de semana. Y cuando las lleves al centro comercial, úsalo para provocar un debate sobre la imagen corporal, el materialismo y el consumismo (y cualquier otro «ismo» que se te pueda imaginar).

«¡Mira al cielo! ¿Es un pájaro? ¿Es un avión?»

¡No! Es la Súper Mujer del ministerio juvenil, que disfrazada como... (llena el espacio con tu nombre), pelea una batalla sin final por la salvación y la santificación ¡al estilo grupo de jóvenes!

¿Estás tentada a tratar de hacerlo todo? ¿Tus inseguridades te motivan a fingir que eres la líder de jóvenes perfecta? Si es así, estás a unos pocos pasos de la fatiga y el estrés. Y después de que recorres por un tiempo el camino de la fatiga y el estrés, tropiezas con el agotamiento. En lugar de preocuparte demasiado, no te preocuparás más por nada.

Admite tus debilidades y sal rápidamente de allí, por tu bien y por el los demás. No trates de hacerlo todo tú. Pídeles a otros que te ayuden. En lugar de levantar una fachada de tenerlo todo bajo control, deja que otros conozcan sobre tus fracasos y debilidades. Comienza con pequeños pasos, como el comentar en una ilustración algún asunto con el que estés luchando. La frase «sé sincero» está tan trillada que nos hemos vuelto insensibles al poder de su mensaje, pero aun así: Sé sincera.

Como lo explica Archibald Hart del Seminario Teológico Fuller: «El estrés puede matarte prematuramente, y no vas a tener suficiente tiempo de terminar lo que empezaste. El agotamiento quizá nunca te mate, pero puede que tu larga vida no valga la pena»[5].

Una señorita en apuros

Quizá te encuentres en el extremo opuesto de ser una Súper Mujer. Tal vez eres una señorita en apuros: que minimiza sus propias habilidades, rápidamente admite sus fallas y espera que alguien (especialmente un chico) venga en su auxilio.

Como lo advierte el teólogo Jurgen Moltmann:

Por lo general se dice que el pecado en su forma original es el deseo del hombre de ser como Dios. Pero ese es solo un lado del pecado. El otro lado de ese orgullo es la renuncia desesperada, la inercia y la melancolía... por lo tanto, la tentación no consiste tanto en el deseo titánico de ser como Dios, sino en la debilidad, la timidez, el desánimo y el no querer ser lo que Dios pide de nosotros.

> Al ser enetrevistadas para un empleo, las mujeres tienden a atribuir su éxito pasado a la suerte o a la ayuda de un mentor. Por el contrario, los hombres tienden a asociar su éxito con sus propias habilidades[6].

Si tú eres así, es hora de reconocer que cuando Dios llama, siempre capacita y provee. Y aunque a menudo eso ocurre a través de otros, esa no es excusa para evitar salir a la cancha y patear la pelota de vez en cuando. Cuando alguien esté organizando un juego que incluya huevos, Kétchup y medias, levanta tu mano para jugar. En tu próximo retiro de invierno, organiza a las chicas de tu grupo para que ellas mismas carguen sus propias maletas. En lugar de decir insistentemente: «Yo nunca podría hablar en frente de los estudiantes», ofrécete voluntariamente para dirigir al menos un breve devocional. Tus chicas están observando cada uno de tus movimientos, y tú quieres que ellas tengan suficiente fuerza interior de modo que no necesiten leer libros tales como: *¿Por qué pienso que no soy nada sin un hombre?* Después de todo, no existe una versión para lectores masculinos llamada: *¿Por qué pienso que no soy nada sin una mujer?*

Aventuras sentimentales[7]

Estás colaborando en el ministerio juvenil con buenos muchachos, estás viendo vidas cambiadas y tienes pasión por el ministerio. Puede que no te des cuenta, pero es fácil dejar que esa pasión se desborde en relaciones con tus voluntarios y colaboradores masculinos que no son saludables. Existen algunas posibilidades (no muchas, sino algunas) de que estés esquivando las minas más evidentes de la intimidad física inapropiada. Sin embargo, te podría lastimar una trampa más común del líder de jóvenes: la intimidad emocional inapropiada.

En las universidades o seminarios cristianos nadie habla sobre este tema. Y rara vez escucho hablar de esto en las conferencias de entrenamiento. Pero en todas las denominaciones, los hombres y las mujeres tiene problemas emocionales.

No llegan a la cama, pero dejan que sus emociones se tornen salvajes. No abandonan a sus familias, pero sus compañeros de trabajo

se vuelven sus seudo-cónyuges. Estas son algunas señales de que podrías estar en problemas:

- Tu compañero de trabajo se convierte en tu mejor amigo. Cuando recibes buenas noticias, él es la primera persona a quien le escribes un e-mail. Cuando recibes malas noticias, él es la primera persona a quien le envías un texto.
- Intencionalmente organizas tus horas de ministerio para que coincidan con las de él, aun cuando no se estén reuniendo. Prefieres estar cerca de la oficina si él está allí también, aunque tengas que modificar tu horario para hacerlo.
- Te encuentras organizando más tiempo a solas con él. Aunque estés planeando el calendario de invierno o desarrollando una estrategia de reclutamiento, no invitas a otros para que se unan contigo. Te gusta más la dinámica cuando están ustedes dos solos.
- Estás algo celosa de sus otras amigas. No es que no quieras que tenga citas o que no tenga otras amigas. Solo que no quieres que interfiera con tu tiempo junto a él o con la profundidad de lo que comparten.
- De hecho te pones celosa de las muchachas de trece años con las que él habla. Miras al otro lado de la sala y deseas ser tú a quien él está consolando o con quien está bromeando en vez de ella.
- Comienzas a perder de vista sus otras relaciones. Él puede ser casado o estar saliendo con alguien, pero comienzas a olvidarte de esa parte de su vida. Prefieres pensar en él como tu compañero.
- Eliges pasar tiempo con él antes que con tu familia o amigos importantes. Después del grupo de jóvenes del miércoles por la noche, te vas a tomar un café con él en vez de acurrucarte frente a la chimenea con tu esposo. Y aun si te disciplinas para volver a casa con tu familia, en lo profundo de tu corazón preferirías salir con él.
- Pasas el tiempo pensando en él aun cuando no estás con él. Te preguntas qué estará haciendo y quizá hasta lo llamas solo para saludarlo.

Si existe alguna pizca de intimidad emocional inapropiada en tus relaciones, habla sobre eso con alguna amiga de confianza. Conoce a su esposa o novia. Reduce el tiempo que pasas a solas con él. Da pasos ahora para poner el freno antes de que termines manejando a exceso de velocidad y sin control.

En tres encuestas diferentes, entre el diez y el doce por

ciento de los pastores protestantes han confesado tener relaciones sexuales extramaritales desde que entraron al ministerio[8]. Al ampliar la pregunta, entre el veintitrés y el treinta y nueve por ciento de los pastores admiten haberse involucrado en comportamientos sexuales inapropiados más allá del acto sexual[9]. Aproximadamente el setenta por ciento de estos comportamientos sexuales ocurrieron con alguien de la propia iglesia del pastor, ya sea una miembro de la congregación o una colaboradora[10].

Los actos de mala conducta sexual de parte del clero Protestante y Católico Romano han arrasado como un maremoto con hombres y mujeres con dones y que tenían un llamado.

Rendición de cuentas

Ya vimos la idea de rendir cuentas en esta sección, pero es tan importante que merece su propio consejo práctico. Con rendir cuentas nos referimos a invitar a otros a que hablen a nuestras vidas. Y ya seas una mujer novata o veterana en el ministerio juvenil, necesitas otras mujeres que te amen demasiado como para no dejarte seguir con ciertos asuntos.

Pídele de una a tres mujeres que se reúnan contigo con regularidad. Cuando se reúnan, hagan un pacto de total honestidad y total confidencialidad juntas. A medida que se vayan conociendo unas a otras, intenten hacer algunas de las siguientes preguntas:

- ¿Cómo ha estado cambiando tu relación con Cristo?
- ¿Qué está pasando en tu vida de oración?
- ¿Has meditado en la palabra de Dios últimamente?
- ¿Cómo has servido a otros esta semana?
- ¿Cómo has estado tratando a tu familia?
- ¿Cuál fue tu mayor desilusión? ¿Cómo decidiste manejarla?
- ¿Cuál fue tu mayor gozo? ¿Cómo lo manejaste?
- ¿Has sido tentada recientemente? ¿Cómo respondiste?
- ¿Cómo has controlado tu lengua?
- ¿Has cometido algún pecado sexual?
- ¿Has adorado a Dios últimamente?
- ¿Cómo le dejas saber de tu fe a los no cristianos?
- ¿Con qué estás luchando en tus pensamientos?
- ¿Cuál crees que es tu necesidad número uno para la próxima semana?
- ¿Has mentido en tus respuestas a alguna de las preguntas anteriores?

Años atrás en terapia, aprendí dos conceptos esenciales que me han salvado vez tras vez:
- Sé sincera contigo misma
- Mantente centrada

Ahora, yo sé que esto puede sonar algo así como un consejo psicológico, pero escúchame un segundo. «Ser sincera contigo misma» significa ser sincera en cuanto a cómo Dios te ha creado, nada más ni nada menos. «Mantenerte centrada» significa confiar en tu interior, que es donde habita el Espíritu Santo. Por lo tanto, cada vez que siento que voy a desmayar, hago una pausa, respiro profundo y le recuerdo a mi corazón y a mi alma: Sé sincera contigo misma y mantente centrada. Esta es la esencia de saber de quién soy, ¡una valiosa hija del Rey!

—Megan

Para mí, esto sucede un jueves de por medio cuando me reúno con algunas amigas cercanas. Sin esposos, sin hijos, sin distracciones. Cada una de nosotras toma alrededor de veinte minutos para hablar sobre algunas áreas de nuestra vida donde necesitamos consejo, oración o rendir cuentas. Cualquiera puede hacer una pregunta de seguimiento. Cada tanto hay lágrimas, por lo general hay risas, pero siempre hay sinceridad. Gracias a estas mujeres soy una mejor seguidora de Cristo, esposa, madre, ministro, amiga y compañera de trabajo.

¿De quién eres tú?

Guardé lo mejor para el final: *de quién eres determina quién eres*. Memorízate esto, medita en esto. Que sea tu roca en medio de un mar de estrés y problemas.

Notas

[1] Allison Pearson, *La vida frenética de Kate*, Plaza & Janes Editores SA, España, 2003.

[2] Tim Hansel, *When I Relax I Feel Guilty,* [Me siento culpable cuando me relajo], David C. Cook Publishing, Elgin, IL, 1979, p.37.

[3] Eugene Peterson, *Working the Angles* [Trabajar los ángulos], Eerdmans Publishing, Grand Rapids, 1987, p.52.

[4] Merton Strommen, Karen E. Jones, Dave Rahn, *Youth Ministry That Transforms* [Ministerio juvenil que transforma], Zondervan, Gran Rapids, 2001.

[5] Archibald Hart, «Understanding Burnout» [Entender el agotamiento], *Theology News and Notes,* 31, no. 1, marzode 1984, 5.

[6] Don Oldenburg, «When Women Play Down Achievements» [Cuando las mujeres le restan importancia a los logros], *Los Angeles Times,* 13 de marzo de 1992, sección E2.

[7] Esta sección y barra lateral fueron adaptadas del artículo de Kara Powell llamado: «Mars and Venus: Too Close for Comfort» [Marte y Venus: ¿demasiado cerca de la comodidad?], *Youthworker* diario 19, no. 3, 2003, pp.28-31.

[8] Richard Blackmon, «The Hazards of the Ministry», [Los riesgos del ministerio] (Tesis para obtener el diploma de Doctor en Filosofía, Seminario Teológico Fuller, 1984); T. Muck, «How Common is Pastoral Indiscretion?», [¿Qué tan común es la indiscreción pastoral?], *Leadership* 9, no. 1, 1988, 12; Archivos de la prensa bautista, 19 de Abril de 1996.

[9] Blackmon; Muck, 12-13.

[10] Muck, 12-13.

sección:

2

Tus relaciones

sección 2: Tus relaciones

El principio de Obi-Wan Kenobi: Los mentores

Cuando yo estaba creciendo, mi mamá me dejó tener mi propio árbol de Navidad en mi habitación. Su única regla era que solo podría decorar el árbol con adornos caseros nacidos de la creatividad de mis ocho años, suficiente para apilar papeles de aluminio y para pegarle trozos de lana a los cartones y crear los adornos. Hice una estrella para poner arriba del árbol con escobillas dobladas, palitos de paletas y un galón de pegamento marca Elmer. El toque final fueron tiras de papel para manualidades verdes y rojas que formaban una cadena de guirnaldas y que cubrían el árbol desde la punta hasta el tronco. Realmente fue lo verde y rojo lo que le dio vida al árbol. Sin la guirnalda, el papel aluminio y los palitos de paletas se hubieran visto bastante patéticos.

En la historia de la cristiandad, ha sido la cadena de la fe lo que le ha dado vida a nuestra tradición. La cadena está formada por héroes del pasado, luchadores del presente y líderes del futuro que transmiten verdades (envueltas en sus propias experiencias) a las generaciones futuras. El aluminio brillante de la moda pasajera de la iglesia, de algún modo se desvanece, pero la tradición de transmitir la fe (de individuo a individuo y de comunidad a comunidad) no tiene fin.

Tú eres parte de esa cadena. Y también lo son los estudiantes que tú amas. En esta sección, vamos a discutir cómo transmitir nuestra herencia y amor por Jesús mediante las relaciones de un mentor. Cuando tú eres mentor de alguien, lo estás facultando. Ojalá no solo tengas amigos maduros que te estén facultando a ti, sino que tú también puedas transmitir lo que has aprendido a la próxima generación.

¡Ayúdenme! Soy mujer en el ministerio juvenil

La palabra mentor proviene de La Odisea, poema épico escrito por el poeta griego Homero. Mientras Ulises se preparaba para luchar en la Guerra de Troya, se dio cuenta de que estaba dejando atrás a su único hijo y heredero, Telémaco. Como «Tele», como le decían, era un adolescente (piensa en un estudiante del primer ciclo de secundaria), y como las guerras solían durar años, Ulises reconoció que Tele necesitaba alguien que le enseñara a ser rey mientras Ulises estaba lejos peleando las batallas. Él contrató a un amigo de confianza de la familia para que fuera el tutor de Tele. ¿Sabes el nombre de ese amigo de confianza de la familia? ¡Lo adivinaste!

—Mentor.

Se necesita un pueblo

Muchas mujeres en el ministerio juvenil piensan que un «mentor» es un gurú perfecto que puede pasar de dos a tres horas por semana con su aprendiz, entrenándole en todo, desde cómo no dejarse estafar por un mecánico de auto, hasta cómo tener una vida de oración más íntima. La mayoría de nosotras no tenemos alguien así en nuestra vida. Y en lo que se refiere al ministerio de jóvenes, como muchas de nosotras no tenemos el tiempo para realmente hacer eso (y ciertamente no podemos hacerlo por más de un estudiante) damos vueltas sintiéndonos culpables por todo lo que NO estamos haciendo.

Necesitamos una nueva imagen de lo que es ser un mentor. Seguramente has escuchado el proverbio africano popularizado por la ex Primera Dama, la senadora Hillary Clinton: «Se necesita un pueblo para criar a un niño». (Quizá también hayas escuchado la versión irónica: «Se necesita un pueblo para criar a un idiota»). Lo mismo ocurre con ser un mentor. Probablemente haya un ejército de personas que te estén capacitando. De la misma manera, deberías verte como parte de una gran red de amigos que Dios usa para impactar a los estudiantes.

¿Los resultados? No te tomas tan en serio, sientes más libertad para tener relaciones tipo mentor únicas con cada estudiante y estás más agradecida por la gente que siembra en ti.

Diferentes estilos

No existe un mentor de talla única. Sino que existen diferentes tipos de mentores, cada cual con un propósito especial y único para facultar a los demás.

- La forma más intensa de ser un mentor es el discipulado. Alguien que hace trabajo discipular está profundamente comprometido contigo y te enseña los fundamentos de seguir a Cristo.
- Una forma un poco menos intensa de ser un mentor es a través de un director espiritual. Esta persona te ayuda a tomar las decisiones que son claves para la madurez espiritual.
- El tercer tipo de mentor es el entrenador. Como en el atletismo, un entrenador ofrece la motivación, las habilidades y la aplicación necesarias para cumplir con una tarea específica.
- Un patrocinador es alguien que te ofrece los contactos, la guía para tu carrera y la protección necesaria para moverte dentro de un área u organización.
- El último tipo de mentor y el menos intenso es un modelo. El modelo te ofrece un ejemplo que te inspira y te enseña.

Dado que tú estás tanto recibiendo como siendo una mentora, identifica qué tipo de relación tienes. Habla de ello abiertamente con la o las personas involucradas. De ese modo, tendrás expectativas más claras y nadie esperará de más, ni invertirá de menos[11].

Escríbelo

Ayer una mujer del ministerio de jóvenes se me acercó y me dijo: «Kara, yo sé que estás muy ocupada, pero me preguntaba si quizá pudieras ser mi mentora». Le dije lo que le digo a cada persona que me hace esa pregunta: Por favor, escribe los aspectos en los que quieres tener un mentor.

Hay muchas ventajas en pedirle a la gente que sea más específica sobre la ayuda que quieren que les des. Primero, les ayuda a analizar sus expectativas al relacionarse contigo. Segundo, te permite descubrir si posees la experiencia y la habilidad para suplir sus necesidades. Cuando las mujeres o las chicas me piden que les sirva de mentora, al menos el cincuenta por ciento de las veces lo que verdaderamente quieren es consejería, no una mentora. Aunque sé un poco sobre aconsejar, no soy una experta. Pero conozco a gente que sí lo es. Así que me reúno con ellas unas pocas veces y luego les doy algunos números telefónicos de consejeros económicos y calificados de nuestra área para que les den continuidad y las sigan atendiendo. De esa forma les consigo la ayuda que realmente necesitan.

R-E-S-P-E-T-O

Creo que es imposible tener una verdadera relación con alguien si no lo respetas. Lo mismo sucede con el mentor; no va a suceder sin atracción, y la atracción está basada en el respeto. Antes de que le pidas a alguien que te sirva de mentor, o aceptes ser mentora de alguien, asegúrate de que puedes pensar en al menos una cosa que respetes de esa persona.

Llévala contigo

Rara vez vayas a algún lado sola. Llévate contigo a la gente a la que le estés sirviendo de mentora. Ya sea que vayas a comprar materiales para el juego del domingo, o que vayas a hacer tus compras, los quince minutos extra que te lleva recoger y llevar a los estudiantes valen la pena. Ellos van a recordar mucho más la conversación que tuvieron en el pasillo del supermercado, que la charla más increíble que les hayas dado en el grupo de jóvenes.

> ¡Una de mis cosas favoritas del ministerio es participar de las actividades de mis chicos! No hay nada como la interpretación del octavo grado de la Historia del Oeste, o el desfile escolar para recordarme ¡por qué amo tanto a los estudiantes del primer ciclo de secundaria! Recientemente he empezado a invitar a otros chicos de esa misma escuela o vecindario para que me acompañen al acontecimiento. Si los estudiantes que actúan y los que están de espectadores ya son amigos, produce una gran felicidad en todos. Si todavía no son amigos, a menudo veo comenzar una relación ¡a semanas del evento!
>
> —Heather

Zambúllete

En las relaciones de un mentor hay una «piscina de vulnerabilidad». La persona a quien le estás sirviendo de mentor rara vez irá más profundo que tú. Si te quedas a tres pies de profundidad, ellos también lo harán. Pero si vas a nueve pies de profundidad, ellos tomarán una bocanada profunda de aire y se zambullirán contigo.

Enfatiza lo positivo

Si estás siendo mentora de alguien en una tarea en particular (como predicar en tu ministerio de jóvenes), asegúrate de enfatizar lo positivo. Es importante para las personas saber lo que están haciendo *bien*, para que puedan repetirlo, como saber lo que están haciendo mal. Por ejemplo, después que Juana dé su charla, pregúntale: «¿Qué piensas *tú* que hiciste bien?». Después de escucharla, agrega algunas cosas que tú piensas que ella hizo bien. Luego pregúntale: «¿Qué piensas que deberías hacer diferente la próxima vez?». Nuevamente, después que te haya contado lo que no hizo bien, entonces agrega tu propia opinión. No solo has enfatizado lo positivo, sino que también le estás dando a la persona la habilidad para evaluarse, algo que le será útil toda su vida.

La columna de «Querida Abby» no captó la idea

Si para ser mentora estás usando las sugerencias de la columna «Querida Abby» (una columna de consejos popular en los Estados Unidos, nota del traductor), estás errando al blanco. La columna «Querida Abby» está llena de respuestas, pero no hace suficientes preguntas. Cuando alguien en tu ministerio pida ayuda, escucha cuidadosamente, haz algunas preguntas y luego escucha un poco más. Lo ideal es que utilices las preguntas para hacer que la persona descubra sus propias respuestas. Preguntas como:

- ¿Cuáles piensas que son tus opciones?
- ¿Qué piensas que deberías hacer? Luego continúa preguntando: ¿Qué ganas con hacer eso? ¿Qué perderías?
- Piensa en alguien a quien respetas. ¿Qué piensas que te diría que hagas?
- ¿Qué le dirías a alguien más que se encuentre en tu situación?

Si después de varios ciclos de escuchar y hacer preguntas piensas que los estudiantes todavía van por mal camino, es hora de que les hables claramente y le des tu propio consejo.

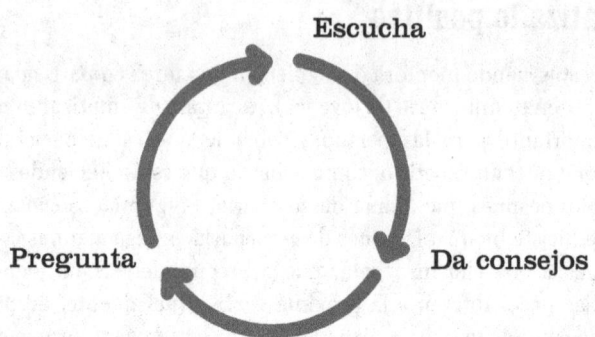

Mi mentora de la universidad, Sherry, solía decirme: «Heather, no importa que el desacuerdo parezca ser culpa de un solo lado, cada persona contribuye de algún modo a la tensión». A menudo los chicos insisten una y otra vez en lo malo y crueles que son sus padres: demasiado estrictos, nunca me prestan atención, no me dejan salir con alguien del otro sexo, odian a todos mis amigos, etc. Después de escuchar y de hacer preguntas, me aseguro de decirles: «Kelly, yo entiendo que esto es frustrante para ti; pero dime: ¿estás contribuyendo a la tensión?». Después de inspeccionar el cuadro por un momento, Kelly por lo general confiesa que golpea las puertas, se escapa a escondidas, hace berrinches e ignora sus tareas de la casa. ¡Finalmente estamos avanzando!

—Heather

Hazlo mutuo

Cuando estés sirviendo de mentora a alguien, trata de descubrir algo que puedas aprender de esa persona. Una de las estudiantes de octavo grado de quien soy mentora actualmente es una de mis héroes de evangelismo. Ella invita a más gente a dedicar sus vidas a Cristo sin querer de las que yo invito a propósito. Claro, soy mayor que ella y la puedo ayudar en todo tipo de aspectos, desde llevarse mejor con su padrastro, hasta qué hacer cuando alguien le ofrece alcohol. Pero como una mujer en el ministerio juvenil, creo que Dios pone a otros en nuestras vidas para afilarnos y enseñarnos a amarlo más, ya sea que tengan catorce o cuarenta y cuatro años.

Tus relaciones

Solo entre tú y yo

Ya seas el mentor o alguien que tiene un mentor, asegúrate de que todos los que están involucrados estén de acuerdo en guardar confidencialidad sobre lo que se discute. Y eso incluye compartir pedidos de oración que solo sirvan para «respaldar a alguien en oración».

Un estándar alto

Esta es una declaración impactante: Si alguien quiere abusar de niños o adolescentes, no hay mejor forma para el abusador de tener acceso a ellos que mediante una iglesia. Piensa en qué negligentes nos hemos vuelto en cuanto a proteger a los niños de nuestro ministerio. Los ministerios de jóvenes tienen tanta hambre de voluntarios que si alguien quiere unirse al equipo, todo lo que hace es reunirse con el pastor de jóvenes y llenar una solicitud. Diez días después les confiamos a nuestros muchachos para que los lleven por ahí, que los aconsejen en restaurantes y quizá hasta que tengan una fiesta de quedarse a dormir.

Yo estoy del lado del ministerio relacional (esta noche tengo ocho chicas invitadas a casa a comer pizza). Y quiero que los otros líderes y mentores de nuestro ministerio también salgan con los chicos. Pero para proteger a tus estudiantes, asegúrate de hacer lo siguiente:

- Cuando alguien esté solicitando ser un voluntario en tu ministerio, pide referencias. Contáctate con dos o tres personas que lo conozcan y pregúntales: ¿Por qué crees que esta persona pueda ser un buen mentor o líder? ¿Qué preocupaciones tendrías con respecto a esta persona si estuviera sirviendo como líder de un ministerio juvenil? ¿Qué más necesitamos saber sobre él?

- Habla con tu iglesia sobre invertir el tiempo y el dinero necesarios para trabajar con las agencias de policía locales y usar las huellas digitales como parte de tu proceso de investigación de antecedentes.

- Enséñales a tus mentores y líderes que deberían evitar ir a cualquier lado solos con un chico (aunque sea del mismo sexo). Trata de que otro estudiante o líder esté presente en tu auto o en el café adonde vayan. Si necesitas hablar personalmente con el chico, asegúrate de que sus padres lo sepan y hazlo en un lugar público. Los adolescentes o sus familias pueden malinterpretar aun hasta nuestras intenciones más inocentes.

Cuando tratamos de implementar una política como esta, a veces nos preocupamos por el inconveniente o la molestia que le podemos causar a un padre por tener que llevar a su hijo para que se encuentre con nosotros. Antes de preguntarle al padre, recuérdate a ti misma POR QUÉ se implementó esa política: para proteger al muchacho (¡y a ti!), y comunícaselo al padre cuando hagas tu cita de tú a tú. El noventa y ocho por ciento de las veces los padres están tan infinitamente agradecidos de que nos preocupemos por sus hijos, ¡que están felices de llevarlos a cualquier lado!

—Heather

Un libro vale más que mil palabras

Si alguien me pide que le sirva de mentora y no tengo tiempo, le pido que me mencione algunas esferas de su vida en las que le gustaría experimentar crecimiento. Después trato de sugerirle artículos de revistas o libros que podrían ayudarle en esas esferas. Luego de que los haya leído, intentamos juntarnos para ayudarle a procesar y aplicar lo que ha aprendido. Gracias al tiempo que la persona dedicó a terminar de leer lo que le asigné, adquiere percepciones más profundas, y yo tengo más tiempo con mi familia.

E.P.D.

Algunos de mis mentores favoritos están muertos. Nunca los llegué a conocer, pero sus biografías y autobiografías han cambiado mi vida. La próxima vez que quieras leer un buen libro, elige uno escrito acerca de Henrietta Mears, Hudson Taylor, Dawson Trotman o Watchman Nee. Aunque nunca los vayas a conocer cara a cara, tu alma jamás será igual.

¿Nos quedamos o nos vamos?

Cada cierto tiempo, evalúa tu relación en cuanto a ser o tener un mentor. Hazte las siguientes preguntas: ¿Hacia dónde necesita dirigirse esta relación? Hasta aquí, ¿qué estamos haciendo bien? ¿Qué necesitamos cambiar? Si no puedes dar buenas respuestas a esas preguntas, quizá sea tiempo de dejar de reunirse. Probablemente los dos tengan mejores cosas que hacer con su tiempo.

¿Por qué Tom Hanks necesitaba de Wilson, la pelota de vóley?: Trabajar en redes

Trabajar en red es la frase que está de moda (tanto en círculos seculares como cristianos). Pero, ¿qué significa realmente? Dicho de una forma simple, significa juntarnos para hacer lo que no podríamos hacer por nosotros mismos.

Es fácil sentirse aislado cuando eres el único en la habitación que está usando una falda. Y ya seas una voluntaria o una profesional, probablemente te sientas un poco «diferente» de los hombres que te rodean (¡y hasta de algunas mujeres!). Una de las ventajas más grandes de trabajar en red es que te recuerda que no estás sola. Necesitas trabajar en red al menos con otra mujer que pueda recordar la letra de la canción que está en tu corazón, y cantártela cuando te falle la memoria.

Nuestra Red Juvenil de Mujeres del Sur de California (WYN, por sus siglas en inglés) se ha estado reuniendo cada dos o tres meses desde 1996. La misión de nuestra WYN es triple: animarnos, equiparnos y conectarnos unas a otras. Traemos a las mujeres, así como a unos pocos hombres, de San Diego a Visalia (si no estás familiarizada con la geografía de California, está aproximadamente a unas trescientas millas). Tener a los hombres allí siempre es bueno. No estoy segura de si están allí para espiar nuestras deliberaciones secretas, recoger a las mujeres, o qué; ¡pero quedan expuestos a algunas de las necesidades y preocupaciones de las mujeres en el ministerio!

A causa del creciente interés, hemos dividido nuestra red de California del Sur en tres regiones similares: San Diego, San Diego Norte y el condado Orange/Los Ángeles. Las regiones se reúnen de cuatro a seis veces al año y tienen de diez a treinta personas de asistencia a sus reuniones.

A menudo juntamos las tres redes de California del Sur para una conferencia anual de un día dedicada a las mujeres en el ministerio y a las muchachas que van a la escuela secundaria. Esas actividades generalmente atraen de trescientas a cuatrocientas mujeres y chicas, ansiosas de ser animadas, equipadas y de sentirse conectadas. Para más información, visita www.womensyouthnetwork.org

Fue en 1998 cuando asistí por primera vez a una reunión de la Red Juvenil de Mujeres. Dado que me sentía sola en mi esfera del ministerio de jóvenes y estaba hambrienta de conexiones, este fue un lugar de refrigerio para mí. Conocí al menos a una docena de otras mujeres que ¡también encontraron compañeras de ánimo en esta red! Seis años más tarde, todavía colaboro con la RJM y con frecuencia recuerdo que no estoy sola.

Agotada

No te engañes. No puedes hacerlo todo sola. Lee esta historia y, aunque se trate de un hombre, te hablará mucho a ti también.

Un miembro de una iglesia floreciente que había estado asistiendo regularmente a los servicios, de repente dejó de ir. Después de unas semanas, el pastor decidió hacerle una visita. Lo encontró solo en su casa, sentado delante de un fuego encendido, tratando de alejar el frío de la noche. El hombre, adivinando la razón de la visita de su pastor, le dio la bienvenida y lo guió a una silla cómoda cerca de la chimenea.

El pastor se puso cómodo pero no dijo nada. En el silencio sepulcral, se quedó mirando fijo las llamas danzantes y los troncos ardientes. Después de unos minutos, el pastor tomó las lenguas de fuego, recogió cuidadosamente una brasa ardiente y brillante, y la colocó sola a un lado de la chimenea. Luego se sentó en su silla y se quedó en silencio.

El anfitrión miraba todo esto en silenciosa contemplación. Mientras la llama de aquella brasa flaqueaba y disminuía, había un brillo momentáneo y después su fuego se extinguió. Pronto estaba fría y muerta. Ningún hombre había hablado desde el saludo inicial. El pastor miró su reloj y se dio cuenta de que era hora de irse, lentamente se puso de pie, recogió la brasa fría y muerta, y la colocó nuevamente en medio del fuego.

Inmediatamente comenzó a brillar una vez más con la luz y la calidez de los carbones ardientes que lo rodeaban. Mientras el pastor llegaba a la puerta para irse, su anfitrión con una lágrima recorriendo su mejilla le dijo: «Muchas gracias por su visita y especialmente por el sermón del fuego. El próximo domingo estaré de regreso en la iglesia».

Veinte minutos marcan toda la diferencia

Una de las mejores maneras en que nuestro ministerio trabaja en red con sus mujeres (y también con los hombres) es reunirse en una sala adyacente a nuestra sala de jóvenes en los veinte minutos previos a los servicios de los domingos y miércoles. El propósito de la reunión es hablar y orar. Hablamos sobre lo que está ocurriendo en nuestras vidas, o en las vidas de nuestros estudiantes, y luego oramos unas por otras. Esos veinte minutos se han convertido en el pegamento de nuestro equipo, nos permiten orar por la gente que está buscando trabajo, que está luchando con sus hijos, o con temor de regresar a casa para Navidad. Nos aseguramos de contar con al menos un adulto en nuestro salón de jóvenes para saludar a los estudiantes y cuidar de que los más chicos no rompan nada mientras estamos afuera orando.

¿Quién es tu hermana?

¿Quién es esa mujer del ministerio juvenil que pusiste en la lista de: un día que tenga tiempo la llamo para que nos tomemos un café? Tú sabes a quién me refiero. Esa mujer a quien respetas y que parece tan divertida. Hoy es el día de llamarla y fijar un momento para encontrarse. El trabajo en red comienza desde pequeño y comienza desde ahora.

Conocí a Marla en una de las reuniones de personal voluntario, y desde el momento en que la conocí ¡supe que seríamos como hermanas! Todo comenzó con una caminata una mañana muy temprano. Ahora es una salida semanal para orar mutuamente, estudiar las Escrituras, charlar sobre nuestra vulnerabilidad, o reírnos a más no poder de algo que nos pasó en la semana.

Meses antes, empecé a orar por una «hermana/mentora», y era ella. Ella es mayor que yo, pero ¿sabes qué? ¡Eso me fascina! Ella es madre de dos hijos adultos; yo ya tengo el primero. Ella ha vivido en la misma casa por veinticinco años; nosotros acabamos de comprar nuestra primera casa. Ella es increíblemente disciplinada; ¡Yo estoy orando por autocontrol! Simplemente somos dos mujeres en el ministerio juvenil, pero juntas estamos aprendiendo a no tomarnos las cosas tan a pecho, a cuidar mejor a nuestros esposos y a amar a nuestros estudiantes y llevarlos a Jesús.

—Megan

No se permiten estudiantes

Intenta programar una actividad solo para las mujeres voluntarias de tu ministerio. No se permiten estudiantes. Vayan a tomarse un café después del servicio de mitad de semana, o salgan a almorzar después de la iglesia el domingo. Conózcanse como *mujeres* y no solo como líderes de jóvenes. No solo te beneficiarás tú, sino también tu ministerio. En lugar de solo oír sobre la comunidad de Hechos 2 en el primer siglo, los estudiantes verán una comunidad *real* del siglo veintiuno.

No te quedes chapoteando en la superficie

Cada vez que estés con otra mujer que esté trabajando en el ministerio de jóvenes, ¡aprovéchalo! No solo hables de cosas superficiales; habla de cosas PROFUNDAS. Pregúntale qué libros la han ayudado últimamente, o qué nuevas luchas están enfrentando sus chicas. Haz preguntas que tengan significado, escucha y después haz más preguntas.

Compañeras de oración

Pídele a las mujeres de tu ministerio de jóvenes que cada unas cuantas semanas escriban sus nombres y un pedido de oración en una tarjeta. Después, hazles intercambiar las tarjetas con otra mujer. Invítalas a pegar la tarjeta en un lugar donde la vean regularmente, como en el tablero del auto o en el espejo del baño. Las mujeres de tu ministerio no solo empezarán a involucrarse unas en las vidas de las otras, sino que verán cómo Dios se involucra también.

Amigas del equipo de trabajo

¿Te acuerdas cuando comenzaste en el ministerio juvenil? Probablemente sentías lo que siente la mayoría de las mujeres: una mezcla de «estoy tan entusiasmada» con «¿debería quedarme o debería irme ahora?». Así es exactamente como se sienten las mujeres cuando entran al ministerio de jóvenes por primera vez. Ayúdales a pasar por alto sus temores y encaminarse hacia el verdadero ministerio más rápidamente, asignándoles una amiga del equipo. Junta a cada mujer nueva con una voluntaria más madura que pueda presentarle a sus estudiantes, sentarse a su lado mientras está aprendiendo sus actividades y contestar cualquier pregunta que tenga. Una mejor entrada al ministerio acortará la curva de aprendizaje varias semanas y hasta quizá prolongue la cantidad de tiempo que esa voluntaria se quede en tu ministerio.

Tira una red ancha

¿Qué otras mujeres de tu iglesia conoces que se interesen por los estudiantes?

¿Qué otras iglesias conoces en tu área? Empieza a hacer una lista de mujeres que tengan una pasión para salir a tomar un batido con muchachitas de dieciséis años. Te va a resultar útil si alguna vez las quieres juntar a todas.

Hombres: no podemos vivir con ellos... no podemos vivir sin ellos

Muchos hombres que trabajan en el ministerio juvenil quieren facultar y apoyar a sus colaboradoras y voluntarias. Pero no saben cómo. Allí es donde intervienes tú. Llámalos y pregúntales si quisieran invitar a las mujeres de su ministerio para que se reúnan con la lista creciente de mujeres del ministerio juvenil.

Entérate más acerca de otras iglesias, líderes de jóvenes o redes en tu área al visitarwww.youthworkers.net o llama a la Red Nacional de Ministerios de Jóvenes al 858-451-1111.

Ofrece reuniones en las que valga la pena invertir tiempo y manejar hasta allá

Enfrentémoslo, la última cosa que necesitamos es una reunión más. Aunque te reúnas con dos mujeres en un café o con quince chicas en tu salón de jóvenes, ofrece reuniones en las que valga la pena invertir ese tiempo. Comienza dándoles la oportunidad de conocerse entre sí a través de algunas preguntas.

Dedica los siguientes treinta a cuarenta minutos en algún tipo de entrenamiento intenso. Los mejores temas de entrenamiento son los que combinan la vida personal de las mujeres y su vida ministerial. Encuentra la persona (ya sea hombre o mujer) que sea mejor calificada, que viva cerca del área, y que esté disponible para dirigir un debate sobre los siguientes tipos de tema:

- Consejería para señoritas
- Enseñanza y predicación
- Ideas para los grupos pequeños
- Ser un mentor
- La oración en la vida de una líder de jóvenes
- Cómo entrenar a otros líderes
- Las necesidades en desarrollo de los adolescentes
- Cultura juvenil
- Integridad
- Colaboración femenina y masculina
- Dones espirituales
- Ministerio dentro del campus universitario

Aparta los últimos quince minutos para orar. A las mujeres les encanta juntarse para hablar sobre sus cargas personales o ministeriales.

NOTAS

[11] Adaptado de *Connecting* [Relacionarse], por Paul D. Stanley y J. Robert Clinton, NavPress, Colorado Springs, 1992.

sección:

3

Tu ministerio

Tu ministerio

Hacer oír tu voz como mujer en el ministerio juvenil

—Típica oradora mujer.
—¿Qué quieres decir? —le pregunté a mi amigo Christopher. Acabábamos de escuchar a una mujer predicarles a cuatrocientos adolescentes sobre la importancia de la oración, y su frase me causó curiosidad.
—Bueno —continuó—, su voz era quejumbrosa, se disculpaba demasiado y no era muy divertida.
 Aunque disiento con los estereotipos de Christopher, los he escuchado muchas veces. A menudo me pregunto: ¿hay diferencias en el modo en que los hombres y las mujeres comunican el mensaje? Si las hay, ¿cómo afecta a nuestros ministerios?
Después de observar a cientos de hombres y mujeres comunicar el mensaje a grupos grandes, grupos pequeños y de uno a uno, he llegado a la conclusión de que hay algunas diferencias. Pero no son absolutas. Más bien, son tendencias. Corrientes. Hasta ahora no hay certeza de que estas diferencias se deban a nuestra naturaleza biológica o a nuestra influencia sociológica. De cualquier modo, necesitamos identificar las diferencias y ver si hay algo que tengamos que cambiar con tal de que el mensaje supremo del reino pueda ser escuchado[12].

La mujer frente a una multitud

Solo di sí

Cuando me encuentro con mujeres que trabajan en el ministerio juvenil, a menudo me dicen algo así como: «No me siento cómoda cuando tengo que hablar frente a un grupo grande. Me siento mucho más cómoda frente a un grupo pequeño o de tú a tú». Hay muchas razones por las cuales las mujeres involucradas en el ministerio de jóvenes deberían trabajar en superar su temor a hablar frente a grupos. En primer lugar, el temor casi nunca es una buena razón para no hacer algo. En segundo lugar, si te quedas en silencio, las chicas (¡y los chicos!) de tu ministerio quizá nunca vean una oradora mujer. En tercer lugar, probablemente seas mejor oradora de lo que tú piensas. En cuarto lugar, si quieres que te contraten en una iglesia o en un ministerio paraeclesiástico, la mayoría de los trabajos (aun los de medio tiempo o las prácticas) requieren que hables frente al público.

Por lo tanto, la próxima vez que te pidan que hables en tu iglesia o en algún otro lado, di «sí». Aunque te dé miedo. Especialmente si te da miedo. Nunca sabes lo que Dios puede hacer.

Cada vez que entro en mis clases de salud de la escuela pública para enseñar sobre abstinencia, ¡cautivar a la audiencia es esencial! Todas las veces empiezo tirándoles rápidamente datos al azar sobre mí: he saltado con una correa elástica tres veces, me encanta la música country, tengo ciento tres pinturas de uñas, tengo dos músculos favoritos (y se los muestro, ¡por supuesto!) y creo que besar debería ser un deporte olímpico. En sesenta segundos, cada chico ha encontrado al menos una cosa con la cual relacionarse o de la cual reírse. ¡Y ya lo logré!

—Heather

Cómo cautivar a la audiencia

Como regla práctica, todo orador necesita cautivar el interés de la audiencia. Especialmente las mujeres. Una audiencia promedio consiste de tres tipos de gente: los que apoyan, los que son neutrales y los que se oponen a las oradoras mujeres. Un orador necesita ganarse la confianza, o al menos el respeto de esos dos grupos de personas (y rápido). Desgraciadamente, la gente por lo general decide durante los primeros sesenta segundos de tu charla si te van a oír o no. Eso significa que tu introducción es importante.

En mi experiencia, las mejores introducciones son aquellas que se conectan con la necesidad de la audiencia. El humor está bien, una historia divertida es un extra, pero en definitiva la introducción se trata de conectar con las necesidades de la audiencia. Quieres que tu audiencia piense: tengo una necesidad real que no se cómo manejar. Necesito ayuda.

///////////////////////////// Tu ministerio

Para descubrir qué decir en tu introducción, pregúntate: ¿por qué esta charla es importante para la audiencia? Una vez que tengas la respuesta busca la mejor forma de expresarla: una obra de arte, una historia, una broma, una canción, algunas estadísticas, un poema, un video clip o una lección objetiva.

> En mi experiencia como oradora he encontrado que una broma puede dar resultado con algunos grupos y ser un fracaso con otros. Sin embargo, anécdotas graciosas de mi propia vida, contadas con confianza y sinceridad, ¡cautivan a todo tipo de audiencia! No solo le permite a la audiencia tener una perspectiva de mi vida y personalidad, sino que también le permite a Dios usar situaciones duras de mi pasado ¡para su gloria!
>
> —Heather

Ja, ja, ja

¿Te sientes cómoda contando chistes o historias graciosas frente a un grupo? Si tu respuesta es: «La verdad que no», entonces formas parte de un grupo enorme de mujeres cuya timidez las hace alejarse del humor. En un estudio sistemático acerca de contar chistes entre estudiantes universitarios, la folclorista Carol Mitchell notó que los muchachos universitarios les cuentan la mayoría de los chistes a otros muchachos, pero también les cuentan chistes a grupos mixtos y a las muchachas. Por el contrario, las mujeres le cuentan sus chistes a otras mujeres y muy pocos chistes a grupos que incluyan hombres. Además, es más probable que los hombres cuenten sus chistes a un grupo de cuatro o más personas, mientras que las mujeres a menudo se rehúsan rotundamente a contar un chiste cuando más de cuatro personas están cerca; en cambio, prometen contar el chiste más tarde en privado[13].

Como una mujer que está involucrada en el ministerio juvenil, el truco es descubrir tu propio sentido del humor. Todos lo tenemos. La clave es encontrarlo y afinarlo. Quizá seas una buena contadora de chistes. Tal vez puedes contar historias sobre situaciones increíbles y poco comunes (como Kathy Griffin), o historias típicas de la vida diaria (como Caroline Rhea). O quizá tu humor sea más seco e intelectual. Antes de pararte frente a una multitud, practica contar chistes o historias en grupos pequeños. El humor forzado es incómodo para ti y para los estudiantes, pero el humor natural generalmente se gana a una audiencia joven.

¡Ayúdenme! Soy mujer en el ministerio juvenil

Una neblina en el púlpito

Escuché el dicho: «Una neblina en el púlpito se convierte en niebla en los bancos». ¡Con más razón con una audiencia joven! Si eres nebulosa (vaga) en lo que estás diciendo como oradora, tus estudiantes van a estar súper confundidos. Ya sea que tu mensaje tenga forma de historia (prédica narrativa) o varios puntos principales (prédica proposicional) ¿puedes resumir tu idea principal en una o dos oraciones? Si no, quizá tu tema sea demasiado amplio y necesites dedicar más tiempo a aclarar tu idea principal.

Agita tus manos

En todas las clases de oratoria que tomé en el seminario, noté que las mujeres tendían a gesticular menos que los hombres. Cuando las mujeres hacían un gesto, sus gestos eran pequeños, cerca de su cuerpo y bastante débiles.

¡Gesticula y gesticula con audacia! Involucra todo tu cuerpo en lo que estás diciendo. Brazos, cabeza, piernas, manos, tu cuerpo entero es una herramienta de comunicación. Así que úsala.

Fílmate

La única cosa más dolorosa que escucharme hablar en un CD es verme en un DVD. Sin embargo, como solía decir mi entrenadora del gimnasio (para mi fastidio), «sin dolor no hay beneficio». La próxima vez que te toque hablar, pídele a alguien que te grabe (ya sea en CD o en DVD). Más tarde, cuando te veas o te escuches, aprenderás todo tipo de cosas sobre la forma en que te comunicas. En lo personal, he aprendido que tiendo a jugar con los anillos de mis manos, me inclino hacia mi derecha y hablo demasiado rápido. Y la única manera en que podría haberme dado cuenta de esos malos hábitos era viéndome en una filmación.

La mujer en un grupo pequeño

En los equipos no existe el «yo»

En el ministerio juvenil, en lo que se refiere a trabajar con grupo pequeños, las mujeres tenemos una ventaja sobre los hombres:

tendemos a valorar la unidad y un sentido de trabajo en equipo más que los hombres. Este compromiso con la cohesión de grupo comienza a una temprana edad.

Un estudio desarrollado por Marjorie Harness Goodwin revela que los muchachos jóvenes se convierten en líderes cuando dan órdenes y reciben órdenes que cumplir. Por el contrario, las jovencitas demuestran una preferencia por el liderazgo igualitario. Ellas empiezan sus propuestas con palabras como *hagamos* y *nosotros* para ganarse el consenso y el acuerdo de todo el grupo. Además, cuando una muchacha toma una decisión de liderazgo, es mucho más propensa que su colega masculino a explicar al grupo las razones de su decisión [14].

Este énfasis en el trabajo en equipo con frecuencia hace másfácil para la mujer el crear una atmosfera cooperativa en lugar de competitiva. La próxima vez que estés dirigiendo una reunión, pregúntate: ¿Qué podemos hacer que nos haga más una comunidad en lugar de un comité? Aunque no estés a cargo, hazte esa pregunta y exprésale tus ideas en privado y de antemano al líder de la reunión.

> A medida que guío a mi equipo de voluntarios, siempre intento encontrar maneras de agregar un divertido sentido de comunidad a nuestro grupo. Puede ser tan extremo como cargarlos en una van de quince pasajeros un día feriado como el Día de los Presidentes y llevarlos a tres horas de la realidad para jugar, reír y comer; o tan simple como comenzar una reunión de entrenamiento mensual con la pregunta: «Cuando estabas en el primer ciclo de escuela secundaria, ¿a cuál de TUS estudiantes te parecías más?».
>
> —Heather

El silencio no es oro

Las mujeres tienden a interrumpir menos y expresar menos ideas en las discusiones grupales que los hombres. Aun cuando las mujeres tienen mayor habilidad que los hombres en el grupo, dudan más a la hora de expresar sus ideas[15]. ¿Es porque las mujeres tenemos menos ideas o porque tenemos miedo de decirlas? Creo que lo segundo. No puedo contar las veces que he estado masticando una idea y preguntándome si debería contársela al grupo, cuando alguien más (por lo general un hombre) expresa la misma idea y recibe una respuesta súper entusiasta.

Tengo como meta personal en cualquier reunión, clase o junta el expresar al menos un pensamiento. Ni siquiera tiene que ser tan fundamental. ¿Cuándo va a comenzar el retiro? ¿Deberíamos enviar una carta al respecto? ¿Cómo vamos a comenzar el juego? Pero al menos estoy haciendo una contribución. Me estoy acostumbrando a escuchar mi propia voz en la sala. Y me ayuda a estar más lista para hablar la próxima vez que tenga una idea todavía mejor.

No lleves la cuenta

En mis días malos entro a las reuniones con una tarjeta mental para apuntar los resultados. ¿Cuántas «buenas ideas» tengo? ¿Estoy entre el cincuenta por ciento superior de las personas que contribuyen en la sala, o entre el cincuenta por ciento inferior?

> «Las mujeres que se encuentran inconscientemente relegadas como espectadoras deberían practicar salir de esa posición... si tienen algo que decir sobre un tema, deberían obligarse a expresarlo. Si un tema les aburre, pueden ejercer alguna influencia en la conversación y cambiar de tema hacia algo que prefieran discutir»[16].
>
> —Deborah Tannen

En mis días buenos, trato de imaginarme el grupo como una comunidad. Cada persona y cada idea son valiosas porque todas contribuyen al proceso de la comunidad. Puede que esa idea mala que comentas sea ignorada por la mayoría, pero al sugerir un rompehielos fatal podrías disparar una idea genial en alguien más. Tu idea poco útil podría ser necesaria para que brote algo verdaderamente brillante. Eso significa que tus contribuciones son tan importantes como el resultado final.

Tal vez tus cromosomas no tengan nada que ver con eso

La semana pasada aprendí algo interesante sobre la comunicación femenina y masculina. Estaba con un grupo de colegas (ocho hombres y dos mujeres, ¡incluyéndome a mí!), y estábamos debatiendo acerca de la mejor manera de enunciar nuestros objetivos para reunirnos. La otra mujer (la llamaremos «Rosa») expresó cierta inquietud sobre el enunciado de uno de nuestros objetivos. Yo no estaba muy segura de lo que quería decir, y aparentemente tampoco lo estaba el resto del grupo.

Alguien más levantó su mano para dar una sugerencia y terminamos hablando sobre su idea.

Sin embargo, yo todavía tenía curiosidad con respecto a lo que Rosa intentaba decir. Justo cuando estaba por decirle: «Rosa, creo que no entendí bien lo que querías decirnos anteriormente. ¿Podrías explicárnoslo de nuevo?», alguien que estaba sentado al lado de ella (lo llamaremos «Pedro») expresó una crítica a uno de nuestros objetivos. El resto del grupo, incluyéndome a mí, asintió con la cabeza. Pedro dio su sugerencia. Era una de las mejores ideas que habían surgido en los últimos treinta minutos. Yo, hasta dije algo así como: «Esa es una excelente idea».

La única persona que no estaba de acuerdo con la idea brillante de Pedro era Rosa. Ella murmuró entre dientes: «Eso fue lo que yo dije antes. ¿Por qué aquí solo se escucha a los hombres?».

El género de Rosa no tenía nada que ver con el hecho de que la idea fuera aceptada o no. Fueron sus propias habilidades de comunicación las que marcaron la diferencia, no sus cromosomas. Desde luego que, algunas veces, es verdad que a las mujeres se les «presta menos atención» que a los hombres en nuestra cultura. Pero antes de que pongas la «excusa del género», pregúntate (y pregúntale a alguien más también) si tú eres la que tiene problemas de comunicación.

La mujer de tú a tú

Conversación de compenetración versus conversación de informe

Por lo general, los hombres suelen preferir una «conversación de informe» en la que dos personas se enfocan en los hechos. La meta es identificar el problema y la mejor solución lo más rápido posible.

Por el contrario, las mujeres usualmente prefieren la «conversación de compenetración». Ellas hablan de los problemas para discutirlos, no necesariamente para resolverlos. A menudo no quieren una solución; quieren un oído dispuesto a escuchar[17].

Como líderes de jóvenes necesitamos una dosis saludable de las dos. Todo ministerio se reduce a las relaciones, por lo tanto la conversación de compenetración es esencial. Sin embargo, en oportunidades tenemos que ahondar en hechos con los estudiantes y ayudarlos a tomar las mejores decisiones.

Hazte la siguiente pregunta: Ahora mismo, ¿qué domina mi comunicación de tú a tú?, ¿las conversaciones de informe o las conversaciones de compenetración? Ahora hazte la siguiente pregunta: ¿Cuál necesito tener con más frecuencia? La próxima vez que te reúnas con alguien, recuerda tus respuestas.

Para ser sincera, la mayoría de mis conversaciones tienden a ser de compenetración; una tendencia que funciona bien en el mundo de los estudiantes de primer ciclo de secundaria. Pero quiero que mis estudiantes sean equilibrados en sus relaciones y en su comunicación. Así que al final de una conversación profunda de compenetración, les digo: «Ahora que sé todo lo que me han contado, ¿qué puedo hacer por ustedes la próxima semana?». Esto obliga a los estudiantes a pensar más allá de los sentimientos y me permite terminar la sesión con un objetivo tangible.

—Heather

Las mujeres y el conflicto

Las mujeres que trabajan en el ministerio de jóvenes a menudo evitan el conflicto. Queremos ser «buenas», no «malas». Por otro lado, a veces los demás no quieren confrontarnos sobre algo para no hacernos llorar.

Ninguno de los dos enfoques es útil, ni bíblico. Evitar el conflicto es evitar parte de nuestra responsabilidad de liderazgo. Jesús enseña en Mateo 18:15: «Si tu hermano peca contra ti, ve a solas con él y hazle ver su falta». Pablo nos amonesta en Efesios 4:15 a hablar la verdad en amor. Cuando sientas que necesites hablar con alguien hazlo, pero no en enojo. Cuando alguien vaya a ti, trata de no estar a la defensiva. Escucha, haz preguntas y luego explica tu posición. Es mejor que te comprendan y no estar divididos a gritos o en silencio.

¿Cuándo es chisme?

He aprendido lo siguiente sobre el chisme: no es necesariamente algo que tú desarrollas. Las chicas de nuestro ministerio no son las únicas que lo hacen, las mujeres también.

Las chicas de mi grupo pequeño a menudo me preguntan: «¿Cuándo es chisme?». Mi mejor respuesta es: Si es algo que no dirías si la persona de la que estás hablando estuviera en la sala, entonces es chisme. Lo mismo ocurre cuando somos una década o dos (o tres) mayores. Si estamos hablando personalmente con un estudiante o con un adulto y empiezan a hablar sobre alguien más, es probable que necesitemos detenerlos diciéndoles algo así como: «¿Sabes? siento que estamos empezando a chismear un poquito». Puede ser jugoso, pero no vale la pena.

> Debemos recordar que tenemos el honor de trabajar con las muchachas durante este tiempo de sus vidas. Nunca más enfrentarán un tiempo tan tumultuoso en cuanto a su desarrollo como cuando son adolescentes. ¡Somos privilegiadas de caminar junto a ellas durante este punto de su travesía! Si existe un llamado superior, quiero conocerlo.
>
> —Megan

Como alguien que pasa horas con chicas adolescentes cada semana, he llegado a admirar la sabiduría de Mary Pipher. En *Reviviendo a Ofelia*, Pipher nos advierte que nuestra sociedad es una «cultura que envenena a las muchachas». Los mensajes de los medios de comunicación, la familia y los amigos son tóxicos para las chicas, contaminan su autoimagen y las contagian con un mayor odio a sí mismas.

El único antídoto es la gracia de Jesucristo. Cuando se aprende de las Escrituras y se experimenta en la comunidad, la gracia de Cristo rescata a las muchachas de su pecado canceroso y de su aversión a sí mismas. No existe límite de edad para este antídoto. Las luchas e inseguridades con las que lidiamos como mujeres solo pueden ser sanadas (al menos parcialmente) mediante la gracia de Jesús. Que podamos amar y servir a las chicas en el espíritu de C. S. Lewis que describió al liderazgo de la siguiente manera: «Considérame como un paciente del mismo hospital, que por haber llegado un poco antes, podría darte algún consejo».

Más que faciales y desfiles de moda: Ideas de programación creativas para el ministerio de chicas

Explosión del pasado

Un gran recurso para comprender y amar a las muchachas adolescentes es tu propia memoria. ¿Cuándo fue la última vez que le echaste un vistazo a tu álbum familiar de cuando tenías catorce años o a tu anuario del secundario? Si no te acuerdas cuándo fue, debe haber sido hace mucho tiempo. Desempolva esas fotos, toma esos videos caseros y regresa a los altibajos de tu propia vida como adolescente. Si eres muy valiente, invita a algunas de tus chicas y déjales ver tu ropa y tus peinados «anticuados».

> En mi oficina y en mi casa se exhiben fotos mías en una variedad de situaciones: en mi fiesta de graduación (con mi cabello GRANDE de los 80); cuando era una niña; una foto familiar tomada en la década de los 70; el día de mi boda; y sí, hasta fotos de la temida época de mi primer ciclo secundario. ¡A los estudiantes les encantan! Les pintan una buena imagen de mi historia, así que cuando les pregunto de sus historias no se sienten tan amenazados ni tímidos.
>
> — Megan

Filosofía + Contexto = Ministerio

Si pudiera agitar una varita mágica y ayudar a las mujeres que trabajan en el ministerio juvenil a aprender sobre el ministerio para las chicas, quisiera que todas nos enfocáramos en dos preguntas esenciales. Primero, pensemos en nuestra filosofía de ministerio. ¿Qué estamos tratando de lograr? ¿Por qué vale la pena lograr esas metas?

Segundo, pensemos en nuestro propio contexto ministerial. ¿Qué tipo de estudiantes conforman nuestro ministerio? ¿Cuáles son sus necesidades? ¿Qué recursos están disponibles para suplir esas necesidades? Al combinar nuestra filosofía con nuestro contexto encontramos un marco para nuestro ministerio.

Por lo tanto, en lo que se refiere al ministerio de chicas, hazte esta pregunta: ¿Cuál es mi filosofía? ¿Cuál es mi propósito o meta general? ¿Qué valores se relacionan con esa meta? Ahora pregúntate lo siguiente: ¿Con qué están luchando nuestras chicas ahora mismo? ¿Qué gente conozco (voluntarios, padres, miembros de la iglesia, líderes de la comunidad) que pueda ayudarles?

Una vez que tengas algunas respuestas estarás lista para diseñar un marco para tu ministerio. Al hacer el esfuerzo de definir tu filosofía, te estás asegurando una profundidad. Al hacerte las preguntas duras sobre el contexto, te estás asegurando de que tus programas sean relevantes a las chicas de tu comunidad. Es una buena idea revisar estas preguntas cada seis meses para ver si algo ha cambiado. Después de todo, la mayoría de los problemas actuales de nuestro ministerio provienen de nuestras propias soluciones pasadas.

Separados pero iguales

¿Me parece a mí o las chicas adolescentes pierden veinte puntos de coeficiente intelectual cuando están cerca de los chicos de la escuela secundaria? Las que no se vuelven más tontas, se marean o se ríen por los nervios. Por eso tu ministerio necesita actividades «solo para chicas». Y no nos referimos a un té de encaje y puntillas. Nos referimos a reuniones de primera que inspiren a tus chicas a ser las mujeres que Dios las ha llamado a ser. Estas son algunas de nuestras mejores ideas:

Clases de mecánica

¿Las chicas saben cómo cambiar un neumático o el aceite de su auto? Probablemente no. Dales más conocimiento de autos haciéndolas vestir unas ropas sucias y citándolas en el estacionamiento de la iglesia para darles una clase de mecánica. ¡Mucho mejor si puedes encontrar una instructora!

Paneles de chicos

Tus chicas se mueren por saber lo que piensan los chicos, pero no se sienten seguras de preguntárselo personalmente. Dales una oportunidad de preguntarles a los chicos lo que ellos realmente piensan. Organiza un panel de discusión conformado totalmente por chicos. Asegúrate de invitar a muchachos que sean sinceros y considera incluir unos pocos estudiantes universitarios para obtener una perspectiva más amplia. Incluso puedes especificar el enfoque de tu panel a un tema como amor, sexo y noviazgo. Pero si lo haces, asegúrate de invitar a hombres casados a participar de la discusión también.

Entrenamiento en defensa personal

En esta cultura, ¿qué chica no necesita saber cómo protegerse? Invita a un instructor de defensa personal a venir a hablar con las chicas y hazlas practicar algunos de los mejores movimientos de karate para defensa personal. O mejor todavía, invita a las madres, madrastras, tías, hermanas y también a las líderes de grupo pequeño.

Actividades de belleza externa

Quiero que las chicas de nuestro ministerio sepan que son hermosas... por dentro y por fuera. Les digo que su belleza externa es como el glaseado de un pastel. Lo ideal es que el glaseado realce el sabor del pastel, pero si se le agrega de más, puede arruinarlo. Lo mismo ocurre con la belleza externa. El invertir un poquito de tiempo o dinero en maquillajes, peinados y ropa ayuda a la gente a ver su belleza interna. Pero si nuestras muchachas dedican demasiado tiempo, dinero o enfoque a su apariencia, no tendrán energía suficiente como para desarrollar su belleza interna. Tengamos seminarios sobre cuidado de la piel, maquillaje, ejercicio, nutrición, cortes de cabello y hasta desfiles de moda. Pero al hacerlo asegurémonos de dos cosas: que ofrezcamos ideas y productos asequibles y que enfaticemos que lo que finalmente hace más atractiva a una chica es su personalidad, carácter y amor por los demás.

Potencia tu closet al máximo

Está bien, confesión verdadera: cuando yo tenía quince años solía tomar nota de la ropa que usaba para ir a la escuela para no repetir lo que me ponía. (¿No es irónico que quince años más tarde mi idea de un gran fin de semana implique el usar la misma camiseta por cuarenta y ocho horas?). ¿Qué muchachita adolescente no se ha parado frente a su closet examinando su ropa para buscar la cosa perfecta que ponerse?

Para ayudar a potenciar al máximo el closet de tus chicas sin gastar ni un centavo extra, pídele a alguien que sepa algo sobre moda que les haga a algunas de ellas una «visita a su casa» y les muestre cómo sacar el mayor provecho de la vestimenta que tienen. Pídele a la asesora que les ayude a crear nuevas combinaciones de ropa y hacer buen uso de esa falda negra que parece estar pasada de moda o esos jeans que no le quedan bien.

Asegúrate de filmar lo que ella dice, muestra el video en una actividad para chicas y luego invítala a dar unos consejos generales sobre lo que pueden hacer todas las muchachas para realzar las prendas que ya tienen.

El riesgo de las actividades de padres e hijas

Muchos ministerios de jóvenes organizan actividades frecuentes entre padres e hijas: bailes especiales, viajes a la playa y desayunos de sábado solo para los papás y sus hijas. Aunque estas actividades pueden ser oportunidades fantásticas para las chicas que tienen a su padre, también pueden ser extremadamente dolorosas para las que no lo tienen.

Cuando estaba dándoles la bienvenida a los padres y a sus hijas durante un desayuno de sábado para padres e hijas, entró una chica sola. Todas sus amigas iban a ir al desayuno y ella también quiso ir, aunque su padre había abandonado a su familia años atrás. Ella casi no podía mirarme a los ojos cuando le di la bienvenida, y en un momento durante el desayuno vi que las lágrimas rodaban por sus mejillas. Durante las semanas anteriores, hasta habíamos anunciado que si los papás no podían asistir, se podían armar parejas de «padres por un día». Pero ella decidió ser valiente y asistir sola. Y aunque estoy orgullosa de que fue, sentí nauseas toda la mañana.

Ese día decidí que nunca más planearía una actividad para padres e hijas. Tal vez no estés de acuerdo conmigo, y está bien. Pero si lo haces, por favor analiza el tipo de chicas que tienes en tu ministerio. ¿Cuántas de ellas no tienen a sus padres? Aunque no asistan a la actividad, ¿cómo se sentirán cuando anuncies esa actividad, o cuando sus amigas hablen de lo que vivieron días después?

> Por desdicha, el porcentaje de madres y padres ausentes en el hogar está creciendo. Obviamente, debemos ser sensibles a este asunto al planear nuestras actividades. Hace poco tuvimos una actividad para madres e hijas que promocionamos de la siguiente manera: «Solo para chicas... y sus madres, tías, hermanas, líderes de grupo pequeño o amigas». Esto quitó la presión y las estudiantes no se perdieron la actividad. – Megan

Serie sobre las súpermujeres

Es evidente que la mayoría de la gente que se menciona en la Biblia son hombres. Pero nota que dijimos «la mayoría» y no «todos». Hay algunas heroínas de la fe asombrosas en la Biblia. Y las chicas (¡y los muchachos!) de tu ministerio merecen oír sobre ellas. En algún momento, dentro de poco tiempo, desarrolla una serie sobre las supermujeres. Habla acerca de Débora, Abigail, Ester, Rut, María (hay varias en los evangelios; solo elige una) y Priscila. Y cuando hables de ellas, por favor no las pintes como líderes «perfectas» unidimensionales. Muéstrales a tus estudiantes sus altibajos tridimensionales. Esa es la vida real, tanto antes como después de Cristo.

Maneras rápidas de construir relaciones

La próxima vez que tengas quince minutos mientras estés mirando televisión o esperando que tu carne se cocine en el horno, intenta practicar estas maneras rápidas de construir relaciones.

- Llamadas telefónicas de oración: Despiértate temprano, llama a algunas de tus chicas antes de que salgan para la escuela y pregúntales por qué asunto puedes orar por ellas en ese día. Luego oren juntas por teléfono.

¡Ayúdenme! Soy mujer en el ministerio juvenil

- Afirmación auditiva: Toma un CD en blanco y graba un mensaje de afirmación de cinco minutos para una de tus chicas. ¿Cuántas veces crees que lo va a escuchar? Si tu respuesta es diez veces, ese número es muy bajo.

- Bombardeo por contestador automático: Muchas veces solo llamamos a los estudiantes cuando queremos invitarlos a alguna actividad o cuando necesitamos algo de ellos. En lugar de eso, intenta llamar al buzón o al contestador automático de una de las chicas cinco veces el mismo día solo para saludarla, para decirle que la amas, que has estado orando por ella y que esperas que tenga un buen día.

- Notas rápidas: La mayoría de las chicas de tu ministerio de jóvenes están tan ansiosas de recibir cartas que abren hasta los sobres que vienen dirigidos de manera general a los «residentes» de las casas. Uno de estos días, agarra unos papeles carta y escribe unas pocas notas de ánimo, expresándole a cada muchacha cuánto las aprecias. Esa nota de tres minutos es el tipo de cosa que tus chicas dejarán pegada en los espejos de sus habitaciones o doblada sobre sus mesas de noche por meses.

La mayoría de tus chicas se sienten como un sitio de comida rápida en un mundo de restaurantes finos.

—Kara

- Afirmación a los padres: La mayoría de las veces que los maestros de la escuela se comunican con los padres es porque su hija ha hecho algo mal. Alégrale el día a algún padre con una nota o una llamada solo para decirle que a su hija le está yendo bien.

A menudo, después del grupo pequeño o de la iglesia, acompaño a algún estudiante al estacionamiento para poder conocer a sus padres. Suelo darle la mano al papá y hacer alarde de su hija o hijo ¡hasta que se ponga colorado! Y ¿sabes qué? Todos salen ganando. Los padres saben que amamos a sus adolescentes, los estudiantes se sienten apreciados ¡y nosotros (como líderes de jóvenes) podemos seguir amándolos!

—Megan

Más allá de la doctora Laura: Aconsejar a las chicas

¿Normal o no?

Mucho de lo que hacemos al hablar con las chicas es hacerles saber que lo que están experimentando es normal. Duda, ansiedad y temor al rechazo son todas partes normales de la búsqueda de la identidad que late en el corazón de ser adolescente. En otras palabras, hacemos algo normal de su patología.

Sin embargo, por otro lado, quizá necesitemos considerar como una patología lo que las chicas consideran normal. Aunque las depresiones frecuentes leves son típicas en las chicas adolescentes, los pensamientos frecuentes de suicidio no lo son. Aunque el deseo de pesar menos kilos es casi una experiencia universal, el perder once kilos en seis semanas no lo es. Piensa en cualquier cambio repentino en el comportamiento o la apariencia de una de tus chicas como un grito de auxilio.

Cuando te metes en camisa de once varas

Desde desórdenes alimenticios a adicciones sexuales, si dedicas mucho tiempo a las adolescentes rápidamente te darás cuenta de que estás metida en camisa de once varas. Si piensas que una de tus chicas está lidiando con un problema que está más allá de tu capacidad de ayudar, tu mejor opción es referirla a un consejero local. Trata de encontrar a alguien que sea financieramente asequible (quizá que esté dispuesto a trabajar en tarifas reducidas de acuerdo al ingreso mensual) y abierto para reunirse con otros miembros de la familia en caso de ser necesario.

Qué hacer con respecto al abuso

Cuando te encuentres con una muchacha que ha sido abusada (observa que dije «cuando», no «si»), asegúrate de evitar los errores más comunes que cometen los líderes de jóvenes y sigue estos consejos. (Estos consejos no se aplican exclusivamente a un género; también se aplican cuando estás ocupándote de muchachos que han sido abusados).

1. Asegúrate de decirle que aunque valoras su privacidad, quizá no puedas mantener confidencial lo que ella te cuenta. Muchas mujeres en el ministerio juvenil le hacen una promesa absoluta a sus chicas de que guardarán cualquier cosa que les cuenten de forma confidencial. En lo que se refiere al abuso, eso es imposible. Cuando siento que una chica está preparándose para decirme que ha sido abusada, generalmente le digo algo así: «Valoro mucho lo que me estás contando y quiero escuchar más. Pero quiero que sepas que para poder ayudarte tal vez no pueda guardar en secreto lo que me cuentes». Por lo general, para el momento en que una chica está por contarme sobre su abuso, está tan lista para contárselo a alguien que seguirá hablando.

Lee el siguiente correo electrónico de una estudiante de segundo año de secundaria que pertenece a nuestro ministerio:

«Bueno, yo sé que no me conoce, pero realmente necesito el consejo de alguien. Bien, hace como una semana me hice un corte grande y me internaron en un hospital para recibir ayuda. Cuando me dieron de alta después de haber pasado una semana en el hospital pensé que estaba lista para volver a casa y no cortarme más. Pero ahora me doy cuenta de que todavía tengo el impulso de cortarme, pero no quiero decírselo a nadie porque siento que si se lo digo a alguien que conozco tendré que regresar al hospital. Todavía no me he cortado, pero tengo miedo de hacerlo, y ahí tendré que ir al hospital. ¿Qué piensa que debo hacer?».

Este es un gran ejemplo de alguien que necesita seriamente recibir ayuda de un consejero profesional. Como pastora de jóvenes de esta estudiante, puedo amarla, ocuparme de ella y hablarle verdad; pero no soy su terapeuta. Mi trabajo es ayudarle a conseguir el mejor cuidado profesional posible y tomarla de la mano a través de su dolor.

—Megan

2. Cuéntale a tu supervisor sobre el abuso. Si tú eres una voluntaria, habla con el pastor de jóvenes. Si tú eres la pastora de jóvenes, habla con el pastor principal. Ojalá tu iglesia cuente con algún tipo de política escrita que describa cómo responder ante situaciones de abuso; pero si no es así, necesitas involucrar a tu supervisor antes de tomar alguna acción.

//////////////////////////// Tu ministerio

🍇 Una gran regla práctica para cuando un estudiante te pregunta: «¿Prometes no decir nada?», es responderle: «Lo prometo siempre y cuando no te estés causando daño a ti mismo o a los demás. Te digo esto porque me preocupo por ti y quiero lo mejor para ti».

—Megan

3. Llama al Servicio de Protección de Niños. Aunque las leyes varían de estado a estado, existen grandes probabilidades de que aunque seas un voluntario, debas denunciar por ley. Si no estás seguro, puedes llamar al Servicio de Protección de Niños de forma anónima, describir tu rol dentro del ministerio y explicar lo que le ocurrió al estudiante. Esta agencia es capaz de decirte si el asunto califica como abuso y si necesitas reportarlo o no. Ten en mente que aunque no seas un denunciante por ley, probablemente tu supervisor sí lo sea, y en tal caso, él tendría que reportar el hecho. Recuerda SIEMPRE que tú eres un defensor de los niños. Aun si el abusador se ha alejado del estudiante, él o ella todavía tienen la oportunidad de abusar a otros. Si trabajas con las autoridades estatales correctas, puedes prevenirlo.

🍇 La Asociación Americana de Mujeres Universitarias reporta que el cincuenta por ciento de las muchachas experimentan contactos sexuales no deseados en la escuela[18].

Motiva a las jovencitas a asumir el reto

Muchas de las chicas de tu ministerio de jóvenes tienen grandes reservas de potencial de liderazgo en espera de que se les utilice. Todo lo que tienes que hacer es observar cuidadosamente su potencial y luego pedirles que asuman el reto. ¿Cuáles de las chicas son líderes por naturaleza? ¿Cuáles podrían ser líderes si tan solo alguien las animara y les diera la oportunidad de serlo?

Invita a esos dos tipos de chicas a correr algún tipo de riesgo en tu ministerio. Pídeles que organicen tu closet de materiales de oficina (ese fue mi primer trabajo de liderazgo cuando tenía quince años), que saluden a los invitados, o que te ayuden a planear tu próxima actividad solo para chicas. Después de todo, aunque pensamos que los mejores líderes de jóvenes son los mejores ministros, realmente eso no es verdad. Los mejores líderes de jóvenes son los que ayudan a otros a ser mejores ministros.

Recibir un salario por esta locura llamada ministerio juvenil

Según Patricia Aburdene y John Naisbitt en *Megatrends for Women* [Megatendencias para la mujer], las líderes mujeres de nuestra cultura han alcanzado la «masa crítica». Y no, no estamos hablando de nuestro peso.

¿Qué es masa crítica? Para todos los que no han repasado física últimamente, la masa crítica se define como el punto en el cual un proceso se vuelve autosuficiente.

En geología, es cuando unas pocas rocas que caen de un cerro se convierten en un derrumbe de tierra. En *adolescentología*, es cuando una nueva jerga se vuelve tan popular que ahora forma parte del lenguaje de todos los días (lo que podría pasarle algún día a la palabra que yo inventé: adolescentología).

Al investigar en los campos de medicina, leyes, política, deportes e incluso religión, Aburdene y Naisbitt llegaron a la conclusión de que en la actualidad tantas mujeres han incursionado en estos campos que la gente no solo las acepta, sino que también están comenzando a asumir que las mujeres deberían trabajar hombro a hombro con los hombres. Aunque esas son noticias fantásticas para las mujeres que pastorean jóvenes, en muchas iglesias, en muchas partes de los Estados Unidos y en muchas denominaciones, la gente es más lenta para aceptar totalmente a las mujeres en el liderazgo. Quizá algún día nuestro género no importe, pero ese día todavía está a unos años (o décadas) de distancia[19].

Hemos recorrido un largo camino desde que el famoso filósofo Jean Rousseau escribiera estas palabras hace doscientos años: «La educación total de las mujeres debería planearse en relación a los hombres, para agradar a los hombres, para ser útil para ellos, para ganar su amor y respeto, para criarlos como niños, cuidar de ellos como adultos, aconsejarlos y consolarlos, hacer de sus vidas algo dulce y agradable. Estas son las responsabilidades de las mujeres en todas las edades; esto es lo que se les debería enseñar desde su niñez»[20].

Así que aquí estamos dedicando tiempo y energía extra para pensar en cómo ser el tipo de líder de jóvenes cuya efectividad e integridad se gane el respeto de otros (sin importar el género).

Más poder para ti

En *Real Power* [Poder Real], Janet Hagberg sugiere un paradigma fascinante para el desarrollo de un liderazgo poderoso. Ella cree que existen seis etapas de poder. Las primeras tres etapas se enfocan en el poder externo (o el poder basado en lo que los otros piensan de ti). Las últimas tres se enfocan en el poder interno (o el poder que fluye de dentro de ti). Aunque sus conclusiones son relevantes tanto para los hombres como para las mujeres, las aplicaremos únicamente a las mujeres.

Etapa uno: Ineficacia

En esta etapa las mujeres a menudo son manipuladas y, a su vez, ganan poder sobre otros al manipularlos. Piensa en Ethel Mertz de la serie *I Love Lucy* [Yo amo a Lucy]; a ella nunca se le ocurría un plan propio; era un títere de las ideas de aquellos pelirrojos atrevidos.

Etapa dos: Poder por asociación

En la segunda etapa las mujeres obtienen poder al ser aprendices, ya sea a través de prácticas oficiales o de tener un mentor o mentora de carácter no oficial. Carol Brady de *The Brady Bunch* [El clan Brady] es un gran ejemplo de esto. La mayoría de su poder venía solo cuando ella repetía las palabras de su esposo: «Su padre tiene razón, niños...».

Etapa tres: Poder por símbolos

La clave en esta etapa es el control. El poder viene a través del salario, la posición de trabajo o la mención de nombres importantes. Un buen ejemplo es Sydney de la serie televisiva *Alias*. Ella utiliza su poder físico y los recursos de «la agencia» como base de su propia fuerza.

Etapa cuatro: Poder por reflexión

En esta etapa las mujeres están pasando del poder externo al poder interno. Este es el comienzo del verdadero liderazgo y la exploración profunda. C.J. Creeg, el personaje de secretaria de prensa de *The West Wing* [El Ala Oeste], muestra poder por reflexión. Ella no solo está dispuesta a llegar a sus propias conclusiones, sino que también se las expresa a otros líderes poderosos.

Etapa cinco: Poder por propósito

En la etapa cinco las mujeres adquieren un propósito que se extiende más allá de ellas mismas. El compromiso de Oprah Winfrey con la transformación de vida (tanto para ella como para los demás) es un ejemplo clásico de la etapa cinco del liderazgo.

¡Ayúdenme! Soy mujer en el ministerio juvenil

Etapa seis: Poder por Gestalt

En la etapa final del liderazgo, las mujeres son siervas pacíficas y tranquilas que tienen enorme influencia en muchos niveles. Aunque muy pocas mujeres alcanzan esta etapa, la Madre Teresa provee un ejemplo de la fuerza humilde que marca esta Gestalt final[21].

¿Cuál etapa te caracteriza mejor? ¿Qué piensas que haría falta para que te movieras a la próxima etapa? Aquí hay algunas sugerencias:

- Crea frecuentemente algún tiempo y espacio para reflexionar. Hazte una taza de té, encuentra una silla cómoda y dedica un poco de tiempo a tomar notas o reflexionar sobre quién eres y en quién te estás convirtiendo.
- Si eres extrovertida y aprendes más hablando con otros, intenta pedirle a algunas personas que te conozcan bien que te contesten las mismas dos preguntas sobre ti: *¿Quién soy yo?* y *¿En quién me estoy convirtiendo?*
- Desarrolla la declaración del propósito de tu propia vida. Hazte estas dos preguntas esenciales: *¿Quién quiero ser?* y *¿Qué quiero ser?*
- Pregúntate: ¿Qué cantidad de mi tiempo se consume con el enojo o el temor? El enojo y el temor son dos de los ladrones principales del poder interno.
- Pasa tiempo con otros que lideran con poder interno. ¿Qué puedes aprender de ellos?

El péndulo de la oportunidad

Si tú eres como yo, tu experiencia como pastora de jóvenes ha sido una mezcla de altos y bajos. En ocasiones me he sentido apoyada como pastora: Se me ha pedido que me involucre en ciertas actividades porque «necesitaban la perspectiva de una mujer». Se me ha pedido que hable en diferentes campamentos y conferencias porque ninguna mujer había hablado antes allí y algunos hombres progresistas sentían que ya era tiempo (enhorabuena) de tener a una mujer disertando. He recibido ofertas de trabajo porque las iglesias y las universidades están aceptando la idea de una asociación entre el hombre y la mujer.

Después de un trayecto de dos años desde practicante, a asociada, a pastora de los estudiantes de primer ciclo de secundaria, me presentaron ante un grupo de pastores principales de las iglesias locales como la «interna de primer ciclo de secundaria». Se me cayó el alma a los pies.

/////////////////////////// Tu ministerio

Pero mientras caminaba hacia la plataforma para dar mi presentación, pensé dentro de mí: yo sé lo que hago, los chicos saben lo que hago y Dios sabe lo que hago. Eso es todo lo que necesito. Ese día, en vez de sentirme desanimada y enojada, presenté mi tema con más pasión y claridad que nunca.

—Heather

Pero en otras ocasiones ha sido duro. A veces son las pequeñas cosas: como la gente que pasa por nuestra oficina del ministerio estudiantil y asumen que soy la secretaria porque soy la primera mujer que ven. O cuando fui a la entrevista de todo un día para obtener la licencia de mi denominación y dos candidatos masculinos me preguntaron dónde estaba mi esposo, asumiendo que él era el que iba a recibir la licencia y que yo solamente lo estaba acompañando. Otras veces son las cosas grandes, como cuando llegué a una iglesia como la primera mujer colega del pastor y unos pocos estudiantes y familias dejaron la iglesia antes de tan siquiera conocerme, únicamente por mi género.

Las pastoras de jóvenes a menudo oscilan de un lado al otro en el péndulo de la oportunidad. A veces las oportunidades se encuentran justo frente a nosotras porque somos mujeres; otras veces se quedan fuera de nuestro alcance. Si te estás balanceando hacia el lado de grandes oportunidades, ten en mente que cada oportunidad es un don de Dios, no algo que tú te «mereces» o te «ganaste». Si te estás balanceando hacia el lado de pocas oportunidades, recuerda que a Dios le importa más quién eres tú, que lo que tú haces. Y a la gente que más te ama también.

Dilema sin salida

Hay un dilema sin salida para las mujeres que están buscando trabajo en el ministerio juvenil. Por un lado, muchas mujeres no saben dónde encontrar oportunidades de trabajo. Por otro lado, las iglesias y los ministerios que quieren contratar mujeres no saben cómo encontrarlas.

Existen algunas personas y organizaciones que pueden ayudar a que se establezca esta conexión. Primero, intenta dirigirte a las oficinas nacionales o regionales de tu denominación. Es muy probable que ellos tengan una base de datos que enumere las posiciones disponibles y la gente que está buscando trabajo dentro del ministerio. Segundo, revisa las publicaciones de empleo, o publica tu propio currículo en www.youthspecialties.com. Tercero, contáctate con la Red Nacional de Ministerios Juveniles en www.youthworkers.net y chequea si el coordinador local o regional de tu comunidad sabe de alguna posibilidad.

¡Ayúdenme! Soy mujer en el ministerio juvenil ////////////

Detrás de la puerta número uno

Hermana, ya sea que haya muchas o pocas oportunidades de liderazgo abiertas para ti, lo más importante es encontrar ESA puerta (la puerta de Dios) y caminar a través de ella.

Ordenar o no ordenar

Hay denominaciones que ordenan a las mujeres y hay otras que no lo hacen. Hay otras que están en el medio y que técnicamente ordenan a las mujeres, pero en realidad solo lo hacen una vez cada año bisiesto. ¿Dónde se encuentra tu denominación? Descúbrelo hoy y decide si estás conforme con su posición. Si no lo estás, considera en oración si deberías trabajar desde adentro de tu denominación para traer un cambio, o quizá buscar otra denominación en la cual servir. Recuerda que si tú y la gente de tu denominación están en desacuerdo sobre el rol de la mujer en el liderazgo, probablemente te sientas frustrada... ¡y ellos también!

> Aunque crecí y estoy actualmente dentro de una denominación que es reacia a ordenar a las mujeres, he encontrado una iglesia que valora y celebra a la mujer que trabaja en el ministerio. Soy una de tres mujeres pastoras del equipo y me piden predicar cada año a la congregación general. Puedo casar parejas y conducir funerales. Me piden y escuchan mis opiniones. Para mí es perfecto, y tengo la libertad de seguir el llamado de Dios en mi vida en este ambiente de ánimo, aun sin estar ordenada.
>
> —Heather

Más allá de la iglesia

Por lo general, los ministerios para eclesiásticos son más abiertos en cuanto a las mujeres en el liderazgo, tanto voluntarias como las que tienen posiciones con salario. Si ya te encontraste con un tope, intenta algo totalmente nuevo. Investiga sobre *Youth for Christ* [Juventud para Cristo], *Young Life* [Vida joven], *Fellowship of Christian Athletes* [Comunidad de Atletas cristianos], *Student Venture* [Operación estudiantil] y otros muchos ministerios paraeclesiásticos de calidad. Nunca, nunca, nunca te rindas.

Son poco comunes las mujeres que están en los más altos niveles de negocio. Conforman solo el diez por ciento de los gerentes generales de las quinientas compañías que aparecen en la revista Fortune[22].

Un dólar es un dólar, excepto si...

Según un descubrimiento a partir de un estudio reciente realizado por la unidad investigativa de Pulpit & Pew (Púlpito y banca) de la Escuela en Divinidad de Duke (basado en datos de una encuesta nacional de pastores llevada a cabo en el 2001), «el clero femenino gana en promedio seis mil quinientos dólares menos que el clero masculino, aunque el ingreso promedio para el hogar del clero femenino es más alto que para los hogares del clero masculino debido a que sus cónyuges trabajan»[23].

Algunas mujeres piensan que siempre y cuando puedan pagar sus cuentas, está bien. En primer lugar, no entraron al ministerio para hacer dinero. Otras piensan que igual trabajo demanda igual paga. El hecho de que tengan o no una familia, o de que sean el único sostén familiar es irrelevante.

Ambos extremos son inconsistentes. Por un lado, puedes estar sentando un precedente peligroso para las mujeres que te siguen (mujeres que no son tan amantes de las baratijas y tiendas de segunda mano como lo eres tú). Por otro lado, Jesús estaba más a favor del sacrificio que de exigir los derechos.

Mi mejor consejo es encontrar los parámetros de salario que tu iglesia o ministerio ha establecido para su personal. Luego, en lugar de pedir el mismo salario que tiene «fulano» (que se vuelve personal), pide que se te pague conforme a los parámetros establecidos.

En ocasiones, los ministros de jóvenes pueden adquirir el síndrome del mártir: «Para servir VERDADERAMENTE al Señor tengo que trabajar noventa y cinco horas a la semana y que no me paguen bien». Pero justamente, el hecho de que trabajemos por recompensas eternas no significa que seamos engañados en nuestras recompensas terrenales.

—Heather

¡Ayúdenme! Soy mujer en el ministerio juvenil

La primera década

En tu primera década de ministerio, Dios se interesa más en lo que él está haciendo en ti, que a través de ti. Eso es tan importante que lo voy a repetir: *En tu primera década de ministerio, Dios se interesa más en lo que él está haciendo en ti, que a través de ti.* En realidad, eso es verdad en cada década de tu ministerio, pero es especialmente cierto durante tus primeros diez años.

Así que si eres una novata, continúa preguntándote: *¿Qué me está tratando de enseñar Dios? Aunque ahora no esté viendo mucho fruto, ¿cómo está tratando de moldear mi carácter para que tenga toda una vida fructífera?* Y si ya has pasado tu primera década, ten eso en mente cuando hables con mujeres jóvenes que están tomándose demasiado en serio el ministerio y sus propias vidas. Reenfócalas en evaluar en quiénes se están volviendo, y no lo que están haciendo.

Sé profesional

Ojala no fuera así, pero nuestra cultura todavía tiende a asumir que los hombres son los líderes principales. Si tú eres la pastora de jóvenes, una manera de obtener un poco más de credibilidad es mediante el profesionalismo. Cuando llevas a cabo tus reuniones, ¿tienes un propósito claro y le proporcionas a tu gente una agenda impresa para demostrarles que valoras su tiempo? ¿Llegas a tus juntas y actividades a tiempo? ¿Avisas con algunas semanas de anterioridad a tus estudiantes, familias y voluntarios antes de programar alguna actividad? ¿Tu forma de vestir denota respeto? ¿O te vistes de manera tan casual o indecente que al principio los demás no pueden tomarte en serio?

Otra vez, ojalá no fuera así, pero las pastoras de jóvenes necesitamos ser más profesionales que nuestros colegas hombres. A los ojos de algunas personas, el hecho de que seamos mujeres ya nos pone por debajo, así que tenemos que hacer un trabajo extra para trepar y pararnos a la misma altura.

> Cuando entré al ministerio lo hice por la puerta del ministerio de campamentos. Mi vestimenta diaria siempre incluía algún tipo de camisa a cuadros, pantalones cortados y chancletas. Rápidamente me di cuenta de que el ministerio institucional (o eclesiástico) ¡tenía un código de vestimenta diferente! Después de darme cuenta de que el código de vestimenta «verbal» no era una conspiración contra mí y que todavía podía ser quien Dios me había creado para que

fuera (en pantalones de vestir), lo comprendí. ¿Ves? Tengo un interruptor. Puede activarse en cualquier situación y produce un cambio. Cuando estoy trasnochando con mis chicos, mi interruptor activa a la «Heather loca». Cuando paso al frente para dirigir la Santa Cena delante de la congregación, el interruptor activa a la «Heather seria». Ambas son verdad. Ambas soy yo. Ambas son profesionales.

—Heather

El ejemplo más obvio

Una de las dificultades de ser una mujer líder de jóvenes es que te conviertes en el ejemplo más obvio para las mujeres que están en el liderazgo. Ya que nuestros colegas hombres no conocen a muchas pastoras mujeres, nos convertimos en «la voz para todas las mujeres del ministerio juvenil».

A veces a duras penas sé lo que yo pienso; mucho menos puedo saber lo que piensan todas las mujeres del ministerio juvenil. Si ya estás sintiendo la presión, haz oír tu voz. Déjales saber a quienes te rodean que tus opiniones son solo eso: tus opiniones. Si ellos quieren saber lo que piensan las mujeres en general, no pueden basar sus conclusiones únicamente en ti. Es necesario integrar a otras mujeres al círculo del liderazgo.

Buffet de langosta

Según Janet Hagberg en *Real Power*, las mujeres son como langostas en un balde. En el instante en que una mujer empieza a salirse del balde, otras mujeres que quieren hacer lo mismo tiran sus garras traseras para poder salir usando a la primera mujer como escalera. ¿El resultado? Un montón gigante de garras y fragmentos de concha quedan en el fondo del balde.

Nosotras las mujeres podemos ser crueles entre nosotras. Podemos ser críticas y podemos ser celosas. A menudo somos más duras con otras mujeres que con los hombres, especialmente si estamos celosas de ellas. La próxima vez que tengas la oportunidad de criticar a otra mujer del ministerio de jóvenes, mantén tu boca cerrada. Déjala salir lentamente del balde o déjala pararse sobre tus hombros para sacar ventaja.

¡Ayúdenme! Soy mujer en el ministerio juvenil

El síndrome del hombre honorífico

Cuando me gradué del seminario y comencé a trabajar en una iglesia como pastora de jóvenes, trabajaba en un equipo pastoral con siete pastores. ¿Adivina cuántas mujeres había en el equipo pastoral? En total una: yo.

Cada lunes salíamos juntos a almorzar antes de nuestra junta semanal del equipo de trabajo. Cada lunes intencionalmente yo usaba pantalones. ¿Por qué? Por un lado, porque estaba cansada de ser la única que se subía usando faldas al asiento trasero de un Honda Civic de dos puertas. Pero la causa más profunda es que estaba cansada de ser diferente. Estaba cansada de ser la única que vestía una falda de jeans con diseño muy femenino en un mar de pantalones de vestir azules y beige.

Ya seas una voluntaria o una profesional, es fácil caer en el «síndrome del hombre honorífico». Te conviertes en un hombre honorífico cuando escondes del resto del mundo partes de ti que son «femeninas». (Como encontrar una definición de *femenino* nos tomaría otro libro, vamos a dejar que tú lo definas por ti misma). Desde cosas superficiales, como el modo en que te vistes y las palabras que usas, a partes más profundas de ti, como el modo en que intrínsecamente tratas a la gente y la manera en que estableces tus prioridades, los adultos y los chicos con quienes trabajas merecen ver TODO de ti. Cuando les escondes partes de ti misma, no solo te estás robando a ti, sino que también les estás robando a ellos. Permite que tu ministerio vea todos tus colores: los azules y verdes masculinos, y los rosas y lilas femeninos. Las mejores fotos de tu vida incluyen la paleta completa de colores.

La que usa sostén

Una vez trabajé con un colega cuya frase normal en las juntas era: «El que use sostén toma las notas». No es broma.

Es tentador ofrecerse para tomar notas en el grupo. Los hombres esperan que lo hagas y probablemente te has vuelto bastante buena en eso. Pero trata de ser un poco más lenta a la hora de ofrecerte voluntariamente. El hecho de ser mujer no significa que tengas que ser la secretaria.

Manejar el enojo

Como pastora de jóvenes es natural enojarte cuando tropiezas con obstáculos. A veces puede que canalices ese enojo en otros. Probablemente, otras veces lo reprimas hasta que al fin explota. Ningún método funciona del todo bien.

///////////////////////////// Tu ministerio

La próxima vez que te enojes por la manera en que te están tratando por ser mujer (o por cualquier otra cosa), descubre qué es exactamente lo que provoca tu enojo. ¿Alguien ha sido injusto contigo? Si es así, tienes el derecho de enojarte. Pero si no es así, quizá sea tu propio pecado o «problemas» los que están avivando tu furia.

Luego, descubre la mejor forma de expresar tu enojo. Tal vez eso signifique hablar en privado con la persona que te ha hecho mal.

Finalmente, pídele a Dios que te ayude a perdonarlos. Mientras mayor sea el perdón, mayor será la libertad. Y aunque tome tiempo, valdrá la pena.

¿Quién es tu amigo? ¿Quién es tu compinche?

Como pastora de jóvenes, dedica algo de energía a construir relaciones con las siguientes personas:

- La persona que firma tu cheque.
- La persona que contesta tu teléfono.
- La persona que va limpiando detrás de ti y de tu ministerio.

Estas tres personas tienen enorme poder para hacer tu vida fácil o difícil. No te arrepentirás de tratarlas bien.

80/20

¿Cuáles son tus dones espirituales? ¿Lo sabes? Si no, haz un test de dones espirituales, evalúa tus propias experiencias y pídeles a otros que te den su opinión sobre lo que haces bien. Una vez que conoces las tres o cuatro cosas que haces mejor, dedica el 80 por ciento de tu tiempo a ellas. Dedica el 20 por ciento restante a tus esferas débiles, al encontrar a otros miembros del equipo que realmente tengan dones en esas esferas para cargar con el peso del trabajo. Mucho de ser una pastora de jóvenes tiene que ver con mantenerte enfocada, así que concéntrate en tus fortalezas y permite que otros sean fuertes en tus áreas débiles.

La importancia de la educación

Puedes imaginarte que como alguien que tiene un doctorado en filosofía estoy de parte de la educación. Tienes razón. El motivo principal por el que obtuve mi licenciatura ha sido mi sentir de que era parte del llamado de Dios para mí. Un lindo beneficio secundario ha sido el mayor respeto que recibo tanto de los hombres como de las mujeres de mi iglesia. Si piensas que Dios tal vez quiera que termines tu carrera universitaria, apunta a una maestría, o hasta persigue un doctorado; hazlo. Siempre puedes dejarlo, en caso de que sea demasiado. Pero al menos lo habrás intentado.

Notas

[12] Una gran porción de la sección 3 está basada en un capítulo que Kara Eckmann Powell escribió para *Breaking the Gender Barrier in Youth Ministry* [Romper la barrera del género en el ministerio juvenil], editado por Diane Elliot y GinnyOlson, VictorBooks, Wheaton, IL, 1995, pp. 33-50.

[13] Deborah Tannen, *You Just Don't Understand: Men and Women in Conversation,* [Tú no entiendes: Conversaciones entre hombres y mujeres], Ballantine Books, New York, 1990, pp.89-90.

[14] Ibíd, p.237.

[15] Ibíd, pp.127-129.

[16] Ibíd, p.148.

[17] Ibíd, p.77.

[18] Mary Pipher, *Reviving Ophelia,* [Revivira Ofelia], Ballantine Books, New York, 1994, p.69.

[19] Patricia Aburdene y John Naisbitt, *Megatrends for Women* [Megatendencias para la mujer], Villard Books, New York, 1992.

[20] L.G. Smith, «Centuries of Educational Inequities» [Siglos de desigualdad educativa], *Educational Horizons* 60, 1981, pp.4-10.

[21] Janet Hagberg, *Real Power* [Poder Real], Sheffield Publishing Company, Salem, Wisconsin, 1994.

[22] Debra E. Meyerson y Joyce K. Fletcher, «A Modest Manifesto for Shattering the Glass Ceiling», [Un manifiesto moderno para romper el techo de cristal], *Harvard Business Review,* 1999, p. 127.

[23] Mark Wingfield, «Should free market determine pastors' pay?», [¿Debiera el mercado libre determinar el salario de los pastores?], *Biblical Recorder,* 28 de febrero de 2003. Tomada el 28 de agosto de 2003 de http://www.biblicalrecorder.org/content/news/2003/2_28_2003/ne280203should.shtml

sección:

4

Los hombres con los que trabajas

Los hombres con los que trabajas

Marte y Venus en el ministerio

No sé cómo llegó allí. Alguien me lo debe haber dado. En mi estante había un libro titulado: *Lo que los hombres saben sobre las mujeres*. Cuando abres el libro, todo lo que ves son páginas en blanco. Por otro lado, pienso en Henry Higgings en *Mi bella dama* cuando preguntó: «¿Por qué las mujeres no pueden ser más como los hombres?».

Como una mujer que trabaja en el ministerio juvenil me he sentido de las dos formas. A veces me he sentido incomprendida, mal juzgada y etiquetada erróneamente por los hombres. Sin embargo, en mi inseguridad, varias veces he deseado ser más como los hombres, para comprenderlos y poder adaptarme.

El libro popular llamado *Los hombres son de Marte y las mujeres de Venus*, escrito por John Gray, implica que los hombres y las mujeres provienen de dos planetas diferentes. Sinceramente, pienso que eso es una exageración. Sí, somos diferentes, pero ¿de verdad venimos de diferentes planetas? Quizá decir de dos vecindarios distintos sea una descripción más precisa. O al menos que paseamos por diferentes partes de la ciudad. Sin embargo nosotros, los líderes de jóvenes tenemos el mismo Jefe, el mismo Intendente divino. Y al final de la jornada, eso es lo que más importa.

«Generolizaciones»

Durante la última década he luchado con las preguntas: *¿En realidad los hombres y las mujeres son diferentes? ¿O estamos simplemente exagerando las diferencias ocasionales y casuales?* Mis respuestas son: sí y sí.

Los hombres y las mujeres son diferentes, pero las diferencias no son inevitables. Así que he inventado mi propio título: «generolización».

Una «generolización» es una tendencia que generalmente diferencia los comportamientos y las actitudes masculinas de las femeninas. Observa que dije «generalmente» y no «siempre». Me parece que si fuéramos en verdad tan diferentes, Dios en su Palabra le hubiera dicho cosas diferentes a cada género.

Por lo tanto, antes de lanzar declaraciones estereotípicas sobre los hombres y las mujeres, hazte las siguientes preguntas:

- ¿Existe alguna investigación real que confirme estas diferencias o es solo mi opinión?
- Si observo la población en general, ¿qué tan sistemáticas son estas diferencias entre los hombres y las mujeres?
- ¿Qué otra cosa aparte del género pudiera estar causando las diferencias?
- Si probablemente fuera el género lo que esté causando las diferencias, ¿qué tanto es biológicamente innato y qué tanto está condicionado por la sociedad?
- ¿Puedo ser más cuidadosa con mi lenguaje y utilizar palabras como *tienden a, generalmente* y *a menudo*, en lugar de lanzar declaraciones sobre cualquiera de los dos géneros? Por ejemplo, el afirmar que los hombres *tienden a* quedarse en un nivel superficial más tiempo en las conversaciones es una declaración más suave que decir que *todos los hombres* son superficiales. Además, eso está más cerca de la verdad.

Una gran regla práctica es «ponerte en el lugar de la otra persona». Trata de respetar lo que estén diciendo aunque no sea necesariamente lo que tú elegirías o con lo que estés de acuerdo.

ADVERTENCIA: Se necesita mucha paciencia y refrenar tu lengua.

¿Por qué todo esto es tan importante? Creo que es imposible trabajar con alguien si no lo respetas. Y si estás siempre comparando a los hombres con las mujeres, limitando aquello en lo que cada género se puede convertir y juzgándolos porque son diferentes entre sí, es inevitable que se pierdan el respeto.

No adores tu propio género

Me molesta cuando la gente usa su género como un chivo expiatorio por su comportamiento.

/////////////// Los hombres con los que trabajas

- «No puedo evitar ser tan emocional y exagerada; soy una chica».
- «No puedo evitar mirar a las muchachas. Eso es lo que hacen los chicos».
- «Yo sé que hablamos de la gente detrás de sus espaldas, pero ¿qué puedes esperar de nosotras las chicas?».
- «Ustedes conocen a los muchachos. Nosotros no compartimos fácilmente nuestros sentimientos».

Piensa en Jesús. Aunque biológicamente era un hombre, él demostró cualidades que consideramos «masculinas» y «femeninas». Él demostraba sus emociones, pero también ayudaba a la gente a resolver sus problemas. Él actuaba con pasión y hasta con enojo, pero también escuchaba con compasión. Si el comportamiento o la actitud de la que culpas a tu género es pecado, entonces no tienes el derecho de usar tu biología como una excusa. En lugar de ello, pídele a Dios de su gracia para dar algunos pasos (aunque sean de bebé) y convertirte más en la persona que Jesús desea que seas.

¿Quién soy yo?

Muchos hombres tienden a definir su sentido de identidad a través de los resultados, especialmente en el trabajo. Muchas mujeres tienden a definir su sentido de identidad mediante los sentimientos y las relaciones. ¿Cuál es mejor? Ninguno. Dios nos llama a algo más alto y mejor. Nuestro sentido de identidad supremo debería venir de ser sus hijos amados. El resto acompaña.

Cuando trabajes con muchachos que parecen estar demasiado enfocados en los resultados, intenta reenfocarlos en el amor incondicional de Dios. ¿No es increíble que Dios nos ame tanto en esos días en que estamos tirados en la cama viendo series viejas, como en los días en que logramos cantidad de cosas para «su reino»?

Cuando trabajes con mujeres que permiten que otros definan cómo se sienten sobre sí mismas, intenta reenfocarlas en su relación con Dios. Cada vez que dejamos que otros controlen cómo nos sentimos sobre nosotras mismas, siempre terminarán controlándonos (tiene sentido, ¿no?).

De verdad quiero que entiendas esto porque si no lo haces, una y otra vez te vas a acobardar de este alto llamado de ser una mujer en el liderazgo. Así que lee el siguiente verso y subraya las palabras *tú* o *te* cada vez que las veas (y hazlo las veces que sea necesario): «Pero ahora, así dice el Señor, el que te creó, Jacob, el que te formó, Israel: "No temas, que yo te he redimido; te he llamado por tu nombre; tú eres mío"» (Isaías 43:1).

Sí. Eso es lo que Dios dice acerca de TI. Él te ha llamado a TI. Eso se refiere a tu única, talentosa, quebrantada, pecaminosa y maravillosa vida. No te atrevas a avergonzarte de sacar a luz tu verdadera identidad en el ministerio juvenil.

—Megan

El lado oscuro: estereotipos, discriminación y obstáculos

Cueva o comunidad

Cuando los hombres están molestos, tienden a apartarse. Si necesitan tiempo a solas salen a caminar, a correr o saltan a su coche para dar una vuelta. Es su cueva.

Cuando las mujeres estamos molestas, tendemos a buscar la comunidad. Queremos hablar, sentir y después hablar un poco más.

Cuando tienes un conflicto con un hombre en tu ministerio, por lo general él se quiere ir y tú quieres sentarte a «hablar del tema». Él sale caminando y tú lo persigues. Él comienza a correr y tú vuelas detrás de él. Ahora los dos están corriendo una carrera a toda velocidad; pero él huye de ti. No es una dinámica muy saludable.

Habla previamente con los hombres con quienes trabajas y elijan un proceso de resolución de conflictos. ¿Serviría de ayuda que tanto tú como ellos escribieran sobre lo que están sintiendo *antes* de hablar? ¿Ayudaría que ambos se tomaran una hora para tranquilizarse antes de abalanzarse a la oficina del otro y decir cosas de las que luego vayan a arrepentirse (y que no querían decir)? ¿Pueden llegar a un mutuo acuerdo que le dé al hombre un tiempo a solas, pero que después presente una oportunidad para que cada uno exprese sus sentimientos? Es ingenuo pensar que nuestras relaciones con los hombres vayan a carecer de conflictos, pero es sabio crear un plan de resolución de conflictos de antemano.

////////////////// Los hombres con los que trabajas

¿Por qué los hombres de mi ministerio se sienten intimidados por mí?

Como una mujer que trabaja en el ministerio juvenil, ¿alguna vez sientes que intimidas a los hombres de tu ministerio? Es casi como si tu capacidad como líder de jóvenes los forzara a retroceder. Probablemente sea porque el sentirse necesarios es un motivador para muchos hombres. Cuando parece que no los necesitas, ellos tienden a alejarse de ti.

Desgraciadamente, muchas mujeres responden escondiendo sus habilidades y actuando de manera más débil de lo que son en realidad. Al hacer eso se reprimen de vivir la vida que Dios planeó para ellas.

Hay una forma mejor. Como seguidores de Cristo nos necesitamos los unos a los otros, sin importar el género. Tú necesitas a los hombres, de la misma manera que necesitas a las mujeres para que hablen a tu vida, te ayuden a mejorar y te faculten para ser la mujer que quieres ser. Si un hombre se siente intimidado por ti, déjale saber las esferas específicas en las que lo necesitas. ¿Respetas su consejo sobre la declaración de propósito de tu ministerio? ¿Lo necesitas para ayudarte a darle forma a tu plan de alcance a la comunidad? De esa manera no estás dejando de ser tú misma, sino que le estás permitiendo a él ser más como él mismo.

> Como una mujer fuerte he aprendido a aplicar la regla de las veinticuatro horas. Es decir, si tengo un conflicto con un colega, espero veinticuatro horas antes de decir nada. Cuando hago esto por lo general obtengo tres resultados:
> - No soy tan emocional y puedo comunicarme claramente y con compasión,
> - Yo soy el problema y necesito pedir perdón (eso siempre es divertido), o
> - No es una batalla que yo necesite pelear (la venganza es de Dios y no mía).
>
> En cualquiera de los casos, solo asegúrate de que estés comprometida con la honestidad, primero contigo misma y después con los demás.
>
> —Megan

Habla bien de los hombres frente a los demás

Independientemente de lo similar o diferente que seas de los hombres que trabajan en tu ministerio, tienes un gran poder al influenciar lo que los estudiantes piensan acerca de ellos. Si un miembro del equipo se equivoca en algo, ¿tratas de ayudarlo a encontrar un buen plan B, o haces comentarios sarcásticos para que todos los escuchen? Si uno de los chicos de tu equipo no disciplina muy bien a ese estudiante demasiado ruidoso, ¿hablas con él en privado, o lo corriges con violencia verbalmente frente a otros? Los estudiantes están más atentos de lo que pensamos a los comentarios que hacemos sobre otros adultos. ¿Estás reforzando el mensaje que muchos (especialmente las chicas) escuchan en sus hogares sobre lo inútiles que son los hombres, o les estás dando a los estudiantes una imagen de esperanza de compañerismo entre un hombre y una mujer?

Lo que los hombres quieren que sepas de ellos

¿No te gustaría poder escalar dentro de las mentes de los muchachos para saber qué están pensando? A nosotras también, así que se lo preguntamos a algunos.

Les pedimos a algunos hombres que trabajan en el ministerio de jóvenes que nos contestaran unas pocas preguntas claves sobre las mujeres involucradas en el ministerio juvenil. No importa cuál sea tu entorno, es probable que los hombres con los que trabajas compartan algunas de las mismas opiniones. De hecho, quizá hasta debas hacerle estas mismas preguntas y comprobarlo por ti misma. Podría ser el comienzo de una gran conversación.

1. Las mujeres que trabajan en el ministerio juvenil se sorprenderían si se dieran cuenta de que los hombres...

...realmente no piensan que tienen todas las respuestas... ¡sino que solo actúan como si las tuvieran!

Aaron, Arizona

...son los mamíferos más inseguros del planeta. Pueden ayudarnos si no exageran ante nuestros berrinches de temperamento y si no nos tratan como a niños pequeños, aunque podamos estar actuando así. Además, los hombres pelean y después salen juntos a tomarse un trago... a menudo nuestro desacuerdo no es personal, sino ideológico. ¡No tomen lo que decimos en serio como una ofensa a su autoestima!

Dan, Colorado

///////////////// Los hombres con los que trabajas

...no podrían dar el fruto que Dios quiere que den en un ministerio específico sin las mujeres sirviendo a su lado. Esta generación de estudiantes no está buscando un pastor sociable de pelo largo y que toque la guitarra para que los lleve a la presencia de Dios. Lo que están buscando es una persona que no tenga ego, que no esté ligada a una posición, sino más bien con la que se puedan sentar y hablar, y quien los escuche primero y les dé consejos únicamente cuando se lo pidan.

Wayne, Calgary, Canadá

...ino les sorprende para nada nuestros talentos y habilidades! Toda la vida han sabido que somos talentosas.

Mike, California

...quieren que las mujeres de verdad tengan éxito en el ministerio estudiantil. Muchos hombres comprenden el potencial a veces oculto de las mujeres en cuanto al liderazgo, el ministerio, la enseñanza, las relaciones, la planificación, el dar visión... ya captaron la idea.

Al, Minnesota

...necesitan compañeras de igual prestigio para modelar lo que significa ser mujeres piadosas. Aunque la capacidad de los hombres varía de acuerdo a su talento, una deficiencia que todos tienen en común es su incapacidad de ser mujeres. ¡Vaya ejemplo!

Gregg, Wisconsin

...no tienen idea en lo que se refiere a cómo manejar los asuntos escolares de una chica de décimo grado, ni de una estudiante de octavo grado que está destrozada por un chico a quien no le gusta o una estudiante de último año que «de verdad ama a este muchacho»...

Jake, Minnesota

2. Sin las mujeres en el ministerio juvenil...

...hay un vacío, falta algo, está incompleto. Creo firmemente que en la iglesia posmoderna necesitamos mujeres trabajando al lado de los hombres. Justo el otro día me encontraba hablando con algunos estudiantes que me preguntaron: «¿Por qué no vemos mujeres al frente de nuestra iglesia?». Estas jovencitas necesitan saber que son tan talentosas como los hombres.

Aaron, Arizona

...mis últimos doce años no hubieran sido tan fructíferos ni exitosos para mi ministerio. He contratado a más mujeres que hombres en mi carrera ministerial y nunca me he arrepentido de contratar a una mujer. Además de estar allí por una razón obvia que son las estudiantes, las mujeres en el ministerio juvenil traen un balance y un pensamiento práctico a cada aspecto que concierne a los estudiantes. Muchos estudiantes bajo mi liderazgo nunca hubieran encontrado esperanza ni sanidad en sus vidas de no ser por una mujer que fue llamada por Dios para amarlos incondicionalmente.

Wayne, Calgary, Canadá

...las chicas crecerían creyendo que no son libres para tocar las vidas de los adolescentes para Jesús. Sin las mujeres en el ministerio juvenil, estaríamos prohibiendo la dádiva de dones espirituales de parte de Dios.

Jim, Hawai

...no le estaríamos dando lo mejor a Dios.

Al, Minnesota

...las ruedas se caen. No hay duda de que las mujeres siempre han jugado un papel importante en el ministerio de jóvenes. En Miqueas 6:8 se nos dice que Dios requiere que nosotros practiquemos la justicia, amemos la misericordia y nos humillemos ante nuestro Dios. Sin las mujeres en el ministerio el «practicar la justicia» dominaría sobre el «amar la misericordia», y la humildad necesaria disminuiría en gran manera. Al estar juntos, nuestros programas del ministerio juvenil se vuelven mucho más obedientes al llamado de Dios.

Mark, Colorado

3. Algo que me gustaría cambiar en cuanto a las mujeres en el ministerio juvenil es...

...yo pienso que los escritos de Pablo han dañando para siempre la percepción que muchas mujeres tienen de la legitimidad de su llamado al ministerio. Es una desgracia, y en mi humilde opinión, es un trabajo de exegética patético. Es una lástima, y depende de los hombres y las mujeres del reino que tienen una opinión diferente, el comenzar a ayudar correctamente a toda la gente para que encuentren su lugar en el ministerio.

Dan, Colorado

...que no tuvieran que trabajar dos veces más duro para obtener la mitad del crédito que obtienen los hombres.

Wayne, Calgary, Canadá

...que el campo de juego del clero fuera más parejo. Aunque algunos seminarios admitirán intencionalmente contar con una proporción igual de géneros, las iglesias de la mayoría de las denominaciones no están contratando a mujeres para el pastorado con tanta frecuencia o rapidez como a los hombres.

Jim, Hawai

...que se crearan mayor cantidad de oportunidades ministeriales significativas para ellas. También me gustaría ver más hombres que ofrezcan estas oportunidades y que no se sientan amenazados por su influencia.

Mike, California

...ver más mentoras femeninas para ellas. Parece que fuera difícil encontrar muchas (yo conozco algunas) de esas mujeres veteranas que han transitado un largo camino con Dios en el ministerio y que han visto, oído y hecho cosas de las que las mujeres más jóvenes podrían aprender y beneficiarse.

Al, Minnesota

...quitar la cláusula de que «la belleza es poder» en la definición que ofrece nuestra cultura de quién es importante y por qué. En nuestra cultura tenemos una fijación con la belleza externa. Y desgraciadamente también ocurre dentro de la iglesia.

Recientemente escuché acerca de un ministro en Florida que llamó a uno de mis amigos para pedirle referencias sobre una pastora de jóvenes. Le pregunto:

—¿Cómo luce en traje de baño?
—¿Qué? preguntó mi amigo.
—Tú eres hombre; tú entiendes—fue la respuesta.—Somos una iglesia de playa y tenemos que considerar estas cosas.

Mark, Colorado

...la persistente urgencia de sentir que deben ser más como los hombres para dar validez a su presencia y eficacia. Su femineidad es un atractivo diseñado por Dios para cualquier ministerio juvenil global.

Gregg, Wisconsin

¡Ayúdenme! Soy mujer en el ministerio juvenil

...que me desharía del estigma de que solo podemos tener personal masculino que reciba un salario. ¡Mi equipo soñado para el ministerio estudiantil tiene mucho que ver con tener damas en el mismo! La otra cosa que cambiaría es que las mujeres que trabajan en el ministerio juvenil se dieran cuenta de que no pueden ser tan efectivas en la vida de los muchachos como lo son los hombres. Así que si tú eres una mujer dirigiendo un programa o en una posición de liderazgo, necesitas tener hombres dinámicos en tu equipo (con salario o voluntarios) que trabajen a tu lado para conectarse con los muchachos y expresarles su amor.

Jake, Minnesota

4. Quisiera motivar a las mujeres del ministerio juvenil con estas palabras...

...resistan. Hay un lugar para ustedes y la corriente está cambiando. Más y más congregaciones se están abriendo a la idea de tener mujeres trabajando como voluntarias o ministros estudiantiles a medio tiempo o tiempo completo.

Aaron, Arizona

...tú eres una hija de Dios, no eres más ni menos importante que tu colega masculino. Por favor no dejes que tu género te haga tambalear de tu llamado. Deja que sea un regalo que traes a la mesa para ser usado por el Rey.

Dan, Colorado

...el corazón y el espíritu que traen las mujeres al ministerio juvenil son increíblemente necesarios y valiosos, más de lo que jamás los hombres vayan a admitir. El ministerio juvenil es una propuesta basada en principios para ver a los estudiantes crecer en su fe, pero la iglesia cristiana lo ha convertido en un asunto basado en la personalidad o el género, y no debería ser así.

Wayne, Calgary, Canadá

...una muchacha en mi grupo de jóvenes me dijo que se sentía inspirada por una mujer que servía como pastora asociada en nuestra iglesia.

— ¿Has hablado con ella? le pregunté.

—No—me dijo—pero me gusta saber que yo también podría ser así.

///////////////// Los hombres con los que trabajas

Las mujeres que trabajan en el ministerio tal vez no se den cuenta de que están marcando una diferencia en la vida de los estudiantes.

Jim, Hawai

... ies tu turno! Encuentra un lugar en el ministerio donde tú y tus talentos sean valorados y apreciados, y donde tus dones no solo impacten la vida de las chicas de tu grupo, sino también la de los chicos.

Mike, California

...ustedes están trayendo equilibrio a una «profesión» que ha sido demasiado masculina por mucho tiempo. Los programas juveniles en general han hecho énfasis en «pelea y conquista» y han descuidado el «ama y anima». Por favor, continúen trayendo sus corazones compasivos al mundo adolescente que es tan duro e implacable.

Mark, Colorado

...el poder para transformar las vidas jóvenes no tiene que ver con un género específico. Reside en la Palabra de Dios, investida de poder por el Espíritu Santo, no en nosotros ni en nuestro desempeño personal. Ninguno de nosotros es competente por nosotros mismos de lograr nada de valor eterno en el ministerio juvenil. Separado de Cristo yo no puedo hacer nada (Juan 15:5), pero con Dios todo es posible (Mateo 19:26).

Hasta Pablo dijo: «No es que nos consideremos competentes en nosotros mismos. Nuestra capacidad viene de Dios» (2 Corintios 3:5). Lo maravilloso de todo esto es que Dios escoge usarnos como sus «agentes de cambio» confiriéndonos oportunidades diarias de dejar una marca personal en la eternidad.

Gregg, Wisconsin

Gracias, no podríamos haberlo dicho mejor.

Notas

SEXO DEL BUENO
La perspectiva de Dios para la sexualidad humana

Jim Hancock y
Kara Eckmann Powell

si trabajas con jóvenes nuestro deseo es ayudarte

UN MONTÓN DE RECURSOS PARA TU MINISTERIO JUVENIL

Visítanos en
www.especialidadesjuveniles.com
 /EspecialidadesJuveniles   @ejnoticias

*Nos agradaría recibir noticias suyas.
Por favor, envíe sus comentarios sobre este libro a
la dirección que aparece a continuación.
Muchas gracias.*

vida@zondervan.com
www.editorialvida.com

www.ingramcontent.com/pod-product-compliance
Lightning Source LLC
LaVergne TN
LVHW030634080426
835508LV00023B/3364